ZUOGONGZUODEZH

XINYUANGONGZHICHANGJINJI

做工作的主人
新员工职场进阶
50 讲

夏雪莹 著

THE MASTER OF WORK

50讲让您从"职场小白"成长为"职场达人"

对职场新人遇到的问题和困惑进行梳理，从职前准备、职业素养、工作方法、职业管理、人际沟通、情绪管理、职业礼仪等方面进行阐述，力求为"职场新鲜人"答疑解惑。

经济管理出版社
ECONOMY & MANAGEMENT PUBLISHING HOUSE

图书在版编目（CIP）数据

做工作的主人——新员工职场进阶50讲/夏雪莹著. —北京：经济管理出版社，2019.1
ISBN 978-7-5096-6374-5

Ⅰ. ①做… Ⅱ. ①夏… Ⅲ. ①职业选择—基本知识 Ⅳ. ①C913.2

中国版本图书馆 CIP 数据核字（2019）第 021251 号

组稿编辑：杨国强
责任编辑：杨国强　张瑞军
责任印制：黄章平
责任校对：董杉册

出版发行：经济管理出版社
　　　　　（北京市海淀区北蜂窝 8 号中雅大厦 A 座 11 层　100038）
网　　址：www. E-mp. com. cn
电　　话：（010）51915602
印　　刷：三河市延风印装有限公司
经　　销：新华书店
开　　本：710mm×1000mm/16
印　　张：11.75
字　　数：158 千字
版　　次：2019 年 3 月第 1 版　2019 年 3 月第 1 次印刷
书　　号：ISBN 978-7-5096-6374-5
定　　价：38.00 元

前　言

据媒体报道，全国普通高等院校毕业生人数逐年增长，屡创历史新高。大部分毕业生将开启职业生涯而成为一名职业人。他们走上工作岗位之后，如何适应工作环境，进入工作状态？如何掌握工作方法，提高工作效率？如何处理人际关系，保持沟通顺畅？这些都是需要面对的问题。

笔者从事人力资源管理工作多年，亲历了一届又一届的大学毕业生步入职场，欣喜地见证了他们从"职场小白"成长为"职场达人"的过程。笔者力图凭借丰富的职业经验和对职业生涯的理解，对职场新人经常遇到的问题进行归纳，进而从职前准备、职业管理、工作方法、人际沟通、情绪管理、职业礼仪等方面进行说明，以便为他们答疑解惑，帮助他们了解职场规律，提升职业素养和职业能力。

全书共八个部分，50个小题目，适合即将毕业的大学生和初入职场的年轻人阅读，也可作为大专院校"职前教育"和企事业单位"入职培训"的参考用书。

真诚希望本书能够为职场新人提供帮助，祝愿他们走好职业生涯的每一步，在平凡的工作中成就自我，实现个人价值，享受工作的喜悦。

2018 年 12 月 10 日

目 录

导　言
欢迎进入工作世界

　　李华在北方的一座小城读完中学，考进省内的一所综合性大学。这是一所普通大学，并非"985"和"211"这样的名校。李华所学专业是工商管理。在校期间，李华成绩优异，多次被评为校级的"三好学生"。从大三开始，她就准备研究生的考试。但填报报考院校时她犹豫不决。如果报考母校，成功的概率比较大。但她还是想挑战一下，于是报考了她心之向往的北京一所名校。遗憾的是，她落榜了。

　　失落了一阵以后，她决定找工作。这时她才发现，身边的同学几乎都有了着落。有的通过了雅思考试，拿到了国外高校的录取通知书；有的如愿以偿地考取了研究生；还有人参加了公务员的考试。更多的同学通过校园招聘拿到了 offer，而她因为全力备考研究生错过了"校招"的机会。当进入"求职大军"时才发现找工作并不是一件容易的事。

　　经过 3 个多月的面试、等待，李华终于被当地一家知名的民营企业录取了。

　　在公司的行政部从事行政助理的工作。

一

工作之前，应该了解的三件事

入职后，公司为李华等新员工安排了为期一周的入职培训。虽然时间不长，但李华收获满满，不仅加深了对公司的了解，还收获了友谊。

一般来说，刚刚毕业的大学生对未来的职业生活既憧憬又迷茫，他们怀着兴奋又忐忑不安的心情步入工作单位，满腔热情地投入工作，热切地想表现自己的所知所能，力争做出好成绩，期待给同事和领导留下好印象。这种心情大家都能够理解。但在摩拳擦掌、准备大干一场之前，不妨冷静下来，首先对公司的基本情况做一下了解，诸如企业文化、组织架构和规章制度等。只有对公司有了基本的认识以后，工作的开展才能更顺畅。

（一）公司发展史及企业文化

联想集团创始人柳传志先生曾说，历史是一本书、是一页一页装订成的。企业发展就像"人"的成长一样，也是一步一个脚印，不断克服困难而逐步成长的。了解公司的发展历程，可以认识到公司创业的艰辛、取得的成绩和不断进取的历程，有助于对陌生的企业慢慢产生感情，同时对企业的未来更有信心。

企业文化是企业价值观的反映，是企业精神、道德规范和经营目标的体现。企业文化最能代表企业"性格"，比如，阿里巴巴有独特的"阿里文化"，华为有自己的"基本法"。这种"性格"的不同是企业文化差异的表现。对企业文化的了解，可以加强对共同价值的认同，产生强烈的归属感。

（二）组织结构

入职以后，了解公司组织结构情况，诸如有哪些部门，每个部门的职责分工等。以此明白自己的位置，有助于厘清职业路径，明确工作方向，进行切实可行的职业规划，同时有助于管理自己的职业。

（三）员工手册

入职之初，每位新员工都会收到一本小册子——《员工手册》，离职时《员工手册》由公司收回。《员工手册》一般以企业价值观的倡导为主旨，讲解公司成长史、宣导公司理念、规范员工行为、介绍公司产品等，其中包括各项规章制度及行为要求。具体涵盖以下几方面：

◎总则：包括人事管理、办公礼仪、员工关系等基本条款。

◎公司简介：主要介绍公司的发展历程，目的是加深员工对公司的历史和现状的了解。

◎企业文化：包括经营理念、愿景、社会责任等，以增加员工对企业的认同感。

◎任职聘用：介绍员工入职、试用期、内部转岗以及离职等相关事项。

◎薪酬福利：一般说明薪酬结构，晋级标准、薪资发放以及公司的福利政策等，是员工最为关注的部分。

◎绩效考核：一般阐述试用和转正考核、转岗考核、晋升考核、业绩考核等。

◎行政管理：包括工作时间的规定，各种假期的规定以及办公用品和设备的管理、工作环境的管理和维护等。

◎培训开发：包括新员工的入职培训、技能提升培训以及员工的再教育等。

◎奖惩激励：以企业价值观为导向，奖勤罚懒，激励员工。

◎保密要求：包括一般的保密制度以及特殊岗位的保密要求。

◎安全管理：包括安全规则、意外紧急事故处理、险情处理等。

《员工手册》是企业管理的指导性文件、是企业内部的"法律法规"。它规范了员工应该以什么样的方式和态度对待工作、对待客户、对待同事和上级，明确了员工的行为准则，是员工的工作指南。

有些员工认为《员工手册》是对员工单方面的约束、是员工的"紧箍咒"，因此对《员工手册》存有消极情绪。这种看法是不正确的。从企业角度看，《员工手册》阐明公司的基本制度和企业文化，告知员工的行为准则，是新员工了解公司体制、状况、文化的最直接的载体；从员工角度看，它是员工了解企业、认同企业文化的渠道。

那么怎样才能获取这些知识呢？入职培训是最好的渠道。大部分公司都会组织新员工进行入职培训，时间有长有短。有些企业为此制订了详细的培训计划，投入了大量的时间和精力。虽然每家公司入职培训的内容不尽相同，但大体上包括以上各方面内容。

入职培训是新员工进入公司的第一课，是了解和熟悉公司的开始。因此，新员工要以严肃认真的态度对待入职培训。通过培训对公司情况和工作内容有一个大致的了解，便于快速融入公司，进入工作状态。并且通过入职培训可以结识一起进入公司的小伙伴，共同学习，相互促进。他们是你进入公司最初的"人脉资源"，要好好珍惜这份友谊。

做工作的主人——新员工职场进阶 50 讲

　　总之，磨刀不误砍柴工，在全力以赴投入工作之前，对公司进行初步了解是很有必要的。

二

职位说明书——开展工作的基础

新员工李华完成入职培训以后，正式走上工作岗位。工作第一天，部门经理将"职位说明书"发到她的邮箱，让她先熟悉一遍。随后经理对"职位说明书"的内容逐条进行讲解，并回答她的疑问。

"职位说明书"是什么？对工作有哪些作用呢？

对于新员工而言，刚进入企业时，一切都是陌生的，仿佛跨入了茫茫原始森林，茫然四顾，不知该往哪个方向走，该迈向何方？"职位说明书"可以帮助你找到定位，使你初步了解工作内容、岗位职责以及工作权利和边界等问题。

"职位说明书"来源于"职位分析"（见表1）。职位分析是对每一个职位的工作内容、职责、权利和工作协作关系等进行明确的规定。新员工在进入岗位之初，首先要进行"职位说明书"的学习。了解工作内容和职责，是开展工作的基础。

表 1 人事行政专员职位说明书

职位名称	人事行政专员	所在部门	人事行政部
直接上级	人事行政部经理	直接下级	无
所辖人数		岗位分析日期	2018 年 11 月

本职：协助人事行政总监完成公司各项人事行政制度的实施

职责与工作任务

职责一	职责表述：协助经理完成人员招聘、录用等人事工作	
	工作任务	根据人员需求任职资格要求，协助上级有效选择人员的招聘方式，进行简历筛选，推荐合适人选进行面试
		对复试合格人员办理相关入职手续，并进行相关证件及资格核实后发放录用通知书
职责二	职责表述：负责组织新员工培训工作	
	工作任务	组织新员工入职培训，并妥善保管培训资料
		实施员工培训调查，收集培训资料，初步拟订培训计划
职责三	职责表述：完成保险、福利事项的处理	
	工作任务	负责员工的保险缴纳、转出事宜。负责相关转接手续的存档管理工作
		及时了解国家相关规定，负责向员工解释相关规定和员工缴纳方式
职责四	职责表述：负责公司人事档案管理工作	
	工作任务	收集整理人事档案信息
		建立健全公司员工人事档案并妥善管理
职责五	职责表述：负责日常行政事务的组织实施	
	工作任务	负责公司印章、介绍信、各类证照及批文的管理工作
		负责公司办公规范的监督实施
职责六	职责表述：完成领导交办的其他任务	

权利

对职责范围内的工作的建议权

工作协作关系

内部协调关系	公司各部门员工
外部协调关系	社会保障局及其他政府相关部门，各招聘网站、猎头公司等

续表

职位名称	人事行政专员	所在部门	人事行政部
直接上级	人事行政部经理	直接下级	无
所辖人数		岗位分析日期	2018 年 11 月
任职资格			
教育水平	大学本科及以上学历		
专业	管理相关专业		
经验	2 年以上人事管理经验		
知识	文书写作、相关法律法规等		
技能技巧	电脑办公系统操作熟练，英文四级，具备较强的人际沟通能力、组织协调能力		
备注			

大体上，"职位说明书"包括以下几方面：

◎职位名称：职位说明书中须明确写明"职位名称"、隶属单位、所属层级等。如："人事行政专员"隶属于"人事行政部"，属于基层职位。

◎岗位职责：指该岗位所承担的具体任务和责任有哪些。这部分是"职位说明书"的核心部分。只有清楚职责的内容，理解职责内涵，在明确岗位责任的基础上，才能够主动去做与职责相关的事情。如表1对"人事行政专员"的工作任务进行了详细描述。这里需要指出的是，职位说明书只是提供了一个工作范围，它告诉了我们做什么，至于具体怎么操作并没有明确阐述。

◎权利与边界：指在这个职位上拥有的权利，是职位本身所赋予的，是为了完成工作、履行职责而行使的权利。工作中要有效行使赋予的权利，但注意不要越界。责任和权利是相对应的。

◎汇报关系：指该岗位的直属领导是谁？应该向谁汇报工作？从表1可以看出，"人事行政专员"的直接上司是"人事行政经理"，也就是说，工作的汇报对象是"经理"，工作要对经理负责。

◎协作关系：协作关系包括内部协作关系和外部协作关系。如行政人事专员的内部协作关系指公司内部员工；外部协作关系包括社会保障局及其他政府相关部门，各招聘网站、猎头公司等。

◎绩效目标：工作职责是制定绩效标准的基础。一般试用期结束，上级会帮助新员工制订出一份通过努力可以达成的工作计划，并明确绩效目标。目标的设定可以激发工作的积极性，目标的实现会带来巨大的成就感。

职位说明书是企业基础性的管理文件，是新员工进入工作的第一步。只有知道了"做什么"，才有可能思考"如何去做"以及"如何做得更好"。

三
从"学生党"到"职业人"

作为行政助理的李华，入职之初上级分配给她的多是一些简单的工作，如文字打印、出差人员机票的预订等。对每一项工作李华都是认真努力去完成的。

有一天，经理通知李华下午1：30有一个重要会议，需要她提前做好会议准备。李华按要求布置会议室，打印所需资料，但调试设备时遇到了麻烦，会议室的投影仪怎么也调试不好，急得她满头大汗。本想找同事帮忙，但看到同事们都在忙碌着，不好意思打扰大家，只好自己边查资料边调试。到了上午下班时间，经理来到会议室，见她正在满头大汗地在"摆弄"设备。经理试了一下，发现是线路出了问题，赶快通知维修部派人来检修调试。为了不耽误下午的会议，维修师傅、经理和她都没能按时吃午餐。为此，她觉得很抱歉。

事后，她向经理解释。经理说："我明白你的顾虑，怕打扰大家工作。不过以后记住，有不懂的地方马上就问，完成工作最重要。"

下午，李华听到同事们议论，"不要责怪她，还是学生嘛！"入职以来，李华多次听老员工半开玩笑地说她有股"学生味"。李华不明白"学生味"指什么，难道是自己太幼稚，说话、办事不妥当吗？明明很努力了，怎么就得不到大家的认同呢？李华觉得很委屈。

初入职场的人，都会经历从学生到职业人的过渡。从小学入学到大学毕业，十几年的时间一直是学生身份，其他人会以"他是学生啊"这种态度来看待，自己也已经从心理上接受了"学生"这种身份。工作之初还会以学生的口吻说话，以学生的思维方式思考问题，于是被说成"学生腔"或者"学生味"。但是，从走上工作岗位的那一刻起，角色就发生了改变，由学生转变成职业人。

从学生到职业人的转变不是一蹴而就的，有些人转变得快，有些人转变得慢，因人而异。比如，有人入职很长时间，思维及行为习惯依然停留在"学生时期"，这些人往往是在心理上不愿或者不能做出改变。有些人则能够很快适应职场环境，和同期入职的人员相比绩效突出，成为新员工中的"明星员工"。这种差异随着时间的延长越发显著。适应快的员工，更容易与团队成员合作，人际关系也较为和睦，工作上容易出成绩，而那些迟迟不能适应的员工，常给人"格格不入"的感觉，不太容易融入团队，人际关系有"疏离"感，容易对工作产生抱怨，绩效表现差强人意。

从学生到职业人的转变更多地体现在思维和心理层面。首先要学会从"职业人"的角度看问题、做事情。

（一）尊重现实

从学生到职业人的过渡往往要从尊重现实开始。学生时代是最容易"做梦"的年纪，是充满理想和抱负的年纪。对职业满怀着理想主义的想象，对第一份工作充满期待，同时也有不切实际的幻想。当理想遇到严苛的现实，对心理的冲击是巨大的。在这个时候，尊重现实和接受现实就变得非常重要了，但切忌不要在巨大的落差面前失去目标，丧失动力，而应根据现实情况做出调整，制订出切实可行的计划，为实现自己的职业理想而努力。

（二）开始做事

学生时期以系统的理论学习为主，好好学习，考个好成绩，就被称为好学生。但职场不同，职场需要动手做事情，一个是"学"，一个是"做"，差别很大。为什么有些成绩优异的学生进入职场却没有什么突出的建树，原因是学校和企业对"优秀"的评价标准不一样。学习期间以"成绩"论高低，职场以"绩效"赢天下。在职场，要求我们把学到的知识应用到工作实践当中去。只有秉着实干的态度，踏踏实实地做事情，才能慢慢地积累经验，取得成绩。

（三）独立思考

在校学习期间，教师传授知识，学生以"接收"知识为主。在学习和获取知识方面需要独立思考、消化领会，但在其他方面，往往依赖老师和家长，能够独立做主的方面不多。进入职场以后，依赖的对象没有了，工作的方方面面都需要独立思考、独立判断，做出决策。

从学生到职业人身份的改变会给新员工带来压力，但这种转变是职场必经阶段。身份的改变要从心理转变开始，只有从心理上接受自己是一名"职业人"这个事实，才能在行动上做出改变。

四

完成工作，赢得信任

初入职场的李华谦虚低调，对待每一份工作都尽心尽力。虽然工作还不能向老员工那样熟练，但她勤勤恳恳工作的态度，赢得了大家的信任，并逐渐融入到了团队中。

初入职场，进入陌生的环境，赢得同事和领导的信任是融入团队的基础。虽然赢得信任并没有什么特别的技巧，但有些方法可以借鉴和参考。

（一）完成工作

刚刚进入职场，没有任何工作经验。这时最重要的是快速掌握基本工作技能。前辈教给你的东西，一定要学懂、学会，特别是工作中常常使用到的一些工具和方法。比如，打印机和复印机的使用，电子邮件的收发等。对于交办的任何工作都要认真努力地完成。完成工作是建立信任的第一步。

（二）谦虚低调

自信满满的李越说："刚参加工作时我谁都不服，没有什么事我不能'拿下'。碰了几次壁以后，我服了！老员工就是比刚毕业的学生懂得多。他们知道怎么工作，知道如何沟通更高效，知道发生了事情如何处理。面对棘手的事情，他们更冷静和专业。"所谓"半瓶子水晃荡，满瓶子水无声"。作为新员工，谦虚低调，踏踏实实做好工作才是本分。你也许工作还不是很熟练，但你认真工作的样子会赢得大家的尊重。

（三）停止抱怨

某咨询公司调查显示，在工作中，抱怨最多的是刚刚进入职场的"初级选手"。他们普遍认为自己的才华没被发现，"满腔热情"无处释放。这说明公司对新人重视不够，但也反映出新人对自己的认知存在偏差，总觉得自己不受重视，没有得到更多的回报。相比新员工，老员工更成熟理智，知道抱怨不能解决任何问题，还会使事情变得更糟糕，而且没有人喜欢不停抱怨的人，如果你总是发泄不满，人们会远离你。所以请停止抱怨，专注工作。

（四）不要推卸责任

推卸责任是一种极度不成熟的行为。

请看下面的对话：

上司："本来定的 A 方案，你们怎么执行 B 方案呢？"

小 A："你本来就是定的 B 方案啊，错了怪我们啊！"

小 B："可能我们当时没有搞清楚，现在马上调整。按照 A 方案执行。"

这种情况也有可能是领导搞错了，但这时不是讨论谁对谁错的时候。小 A 可能觉得很委屈，明明我是正确的，为什么我要认错呢？小 A 首先想到的是自己不能受委屈，小 B 则想怎样尽力去弥补失误。先解决问题，再找机会向上司解释也不迟。两种处理方法，境界立见高下。有时候，你面对问题的态度比你解决问题还重要。

（五）敢于认错

新员工往往很爱面子，犯了错误也不愿意承认，认为"认错"就是"认输"，会被别人瞧不起，这是人性的弱点。明知错了而不承认，会使自己背上沉重的思想包袱。不如大方地承认错误，卸下思想包袱，获得巨大的轻松感。另外，承认自己错误，等于默认对方的正确，有助于获得对方的尊重和友谊。

信任是指相信而敢于托付。信任感是一点一滴积累起来的，信任一个人常常需要很长时间。即使你有能力，如果领导对你缺乏信任，也不会把重要工作交给你。初入职场，首先要认认真真地完成工作，踏踏实实地提升技能，这才是赢得信任的最佳方式。

五

做主角之前，先当好配角

20 世纪 70 年代，电脑程序员的工作不为多数人理解，有些人甚至嘲讽、轻视他们的工作。所以，这些年轻的程序员自嘲"像蘑菇一样生活"。"蘑菇定律"由此而来。

"蘑菇定律"也称"萌发定律"，指年轻人就像蘑菇一样被置于阴暗的角落，在不受重视的部门工作，做着打杂跑腿的事情，有时还会受到无端的批评和指责，得不到必要的指导和帮助，处于自生自灭的状态。

无论多么优秀的人才，在工作初期都会或长或短地经历一段"蘑菇期"——从事简单琐碎的工作，不被重视，看不到未来。在这期间，难免会有"怀才不遇"的失落感或者遭受指责时的委屈和不忿。因此，如何正确对待"蘑菇期"是每一位职场新人都面临的问题。

（一）把它当成职场必要的成长阶段，坦然面对

既然"蘑菇定律"具有普遍性，"蘑菇期"是职场成长的必然阶段，那么就坦然接受吧。况且刚刚参加工作，对工作环境、内容、流程都不是很熟悉，对本职工作还处在摸索、学习阶段，即使领导委派重要工作也未必能够胜任。不如调整心态，从小事做起，从最简单的工作做起，先积累经验，掌握工作要领，把每一件小事都做到位，将"蘑菇期"当成学习和

成长的好机会。

任正非在《致新员工书》中说道，公司不会提拔一个没有经验的人做高层管理者。要摆正自己的位置，不怕做小角色，才有可能做大角色。职场的任何阶段对人生都有重大的意义。

（二）在做主角之前，先当好配角

汤姆·布兰德是美国福特汽车公司的一名员工，刚进公司时，他是一名"杂工"。"杂工"不算是正式员工，没有固定的工作场所，哪里有零活就到哪里去。但他并没有因为岗位的"卑微"而自暴自弃，而是不管到哪一个岗位上工作都认真对待，不放过每一次学习的机会。他工作的岗位遍及公司的多个部门，焊接部、车身部、喷漆部、椅垫部。因为"杂工"的身份使得他很快熟悉了整个汽车的制作流程，他了解到一部汽车生产要经过多少个部门的合作，每一个部门的工作性质和特点是怎样的。也正是因为他"杂工"的经历，使得他短短几年就升任装配公司总领班的职位。他说，我不觉得我做的任何一项工作是不值得的，每一件工作都有价值。

所以，与其在"蘑菇期"浑浑噩噩地浪费时间，不如从经手的每一份工作、每一件小事中得到锻炼和成长。一个人把时间花在哪些地方，就会在哪里看到成绩。只要你的努力是持之以恒的，就必然收获成功的喜悦。请认真地对待任何一件工作，认真地走好职业生涯的每一步。

第一部分
职业管理——从入职第一天开始

六
请接受工作的平凡

王琳是某公司电商事业部的淘宝客服。她每天上班的第一件事是打开电脑，进入页面，查看最新动态：是否有买家留言，是否有退款、退货申请，是否有产品咨询信息等，然后一一回复。一般是先回复买家咨询留言，这样可以第一时间抓住客户。这一天正好是店庆，网上销售火爆，咨询的客户很多。一上午的时间，她除了给自己泡了一杯袋装的茶以外，一直坐在电脑前回复客户的咨询。

杨坤是入职半年的招聘助理。周一上午，他整理上周末招聘会收到的应聘者简历。先按照应聘岗位对简历进行分类，并将个人信息输入电脑。然后，根据上级对简历的初选结果，开始通知候选人面试。下午有一场面试，他虽然不是面试官，但还是需要提前将面试人员的简历看一遍，将面试场地（会议室）布置好，并再次和面试人员确认时间及地点。

职场中大多数工作都很平凡，教师认真备好每一堂课，护士真诚对待每一位患者，销售人员认真对待每一位客户。我们需要平心静气地接受这种平凡，不浮躁、不抱怨。平凡不等于平庸，平凡的工作一样可以服务社会，创造价值。

（一）平凡的工作更需要激情

刚进入工作岗位，想做出惊天动地的大事情，成就一番大事业，这种想法无可厚非。年轻人就是要有梦想、有激情，但梦想的实现是一步一个脚印走出来的，而平凡的工作更需要激情。

王琳说："也有觉得枯燥的时候，但慢慢就接受了。有些老顾客，跟他们交流，了解他们的喜好，帮助他们购买到满意的产品，这种感觉也很好。在工作中，也逐渐摸索出一些技巧。现在我已经是公司的兼职培训师啦，定期把我的经验分享给新入职的同事们，挺开心，也很有成就感。"

杨坤认为："我并不觉得平凡的工作有什么不好。我的工作很平凡，需要细心、耐心，当然还需要专业知识。每次面试现场，我都会认真揣摩前辈如何提问，从哪些方面对应聘者进行考察，怎么对人才进行甄别？入职6个月，我从一个什么都不懂的新人，渐渐熟悉了招聘工作，回头看确实有进步。我虽然做着简单平凡的工作，但依然觉得很新鲜、很兴奋。在平凡的岗位一样能够开心工作，这才最重要啊。"

（二）将平凡变得"不平凡"

工作一段时间以后，发现每天的工作不过是一些普普通通的小事，热情逐渐被琐碎的工作消磨掉。"我的工作并没有那么重要啊。"——于是萌生了这样的想法。有这种想法并没有什么不妥，这是开始思考岗位价值的表现。每一个岗位都有其价值，需要我们慢慢去体会、去发现。在工作中会逐渐认识到，小事情一样可以做出大名堂。

我国制作宣纸已经有1500多年的历史了，一张宣纸从投料到成纸需要经历300多天，18个环节，100多道工序。周东红是中国宣纸股份有限公司的一名普通的捞纸工。所谓"捞纸"，就是两个人抬着纸帘在水槽中左右晃动，一张湿润的宣纸便有了雏形，整个过程不过十几秒。但宣纸的好与坏、厚与薄、纹理和丝络全在这一"捞"上。"捞纸"并不是什么惊天动地的大事，可周东红在这个岗位上工作了 30 多年，他每天和搭档要重复这样的"捞纸"动作 1000 多次。多年来，经周东红"捞"的近千万张纸，每张重量误差不超过 1 克，始终保持着成品率 100%的纪录，国内不少著名的书画家都点名要他做的宣纸。他已经把"捞纸"当成一种责任，希望老祖宗留下的技艺能更好地传承下去。

不管是"捞纸"大师周东红，淘宝客服王琳，还是招聘助理杨坤，他们都做着平凡的工作。他们在平凡的工作中融入了情感，也从中获得了成就感。

认真对待平凡的工作，恰是心中有"大责任"的体现，也是工作的原则之一。那些在旁人眼里平凡的工作，正因为我们的真诚和努力，变得不平凡。

七

试用期的"冷"思考

试用期是用人单位对新员工的品德、态度、工作能力、身体状况等方面进一步考察的时间期限。在劳动合同中约定试用期,目的是维护劳动合同双方当事人的权利。对于用人单位,可以在试用期内考察应聘人员是否适合其工作岗位,补救甄选中的偏差,维护用人单位的利益;对于应聘者来说,试用期内可以展示自己的能力,同时可以了解该岗位的工作内容、劳动条件、劳动报酬等是否符合劳动合同的规定,考察用人单位的工作环境和工作内容,与自己的职业规划是否相匹配等。

试用期应该注意什么?如何平稳度过试用期呢?我们从三方面进行说明。

(一) 相关法律对员工试用期的规定

2018 年最新《中华人民共和国劳动合同法》对员工试用期做出了明确的规定。了解法律法规,有助于我们维护自己的权益,为"去与留"做出判断。

◎试用期时间规定。《中华人民共和国劳动合同法》第十九条规定,劳动合同期限三个月以上不满一年的,试用期不得超过一个月;劳动合同期限一年以上不满三年的,试用期不得超过二个月;三年以上固定期限和无固定期限的劳动合同，试用期不得超过六个月。并且同一用人单位与同一劳动者只能约定一次试用期。

这条规定说明试用期时间是根据劳动合同签订的时间长短决定的，最短为1个月，最长为6个月。

有些单位存在滥用试用期的情形，通常不管多长期限的工作岗位，也不管有没有必要约定试用期，一律约定试用期，只要期限不超过劳动法规定的6个月即可，用足法律规定的上限；还有的用人单位为了规避法律，约定试岗、适应期等，这些都是变相的试用期，目的是为了使用"廉价劳动力"，方便解除劳动合同采取的违规行为。遇到此种情形，应聘者应警惕。

◎ 试用期薪资福利规定。《中华人民共和国劳动合同法》第二十条规定，劳动者在试用期的工资不得低于本单位相同岗位最低档工资或者劳动合同约定工资的80%，并不得低于用人单位所在地的最低工资标准。

◎试用期关于社会保险的规定。《中华人民共和国劳动合同法》第十九条规定，试用期包含在劳动合同期限内。劳动合同仅约定试用期的，试用期不成立，该期限为劳动合同期限。也就是说，在试用期劳动者实际上已经与用人单位建立了劳动关系，用人单位必须依法与劳动者签订劳动合同，并为其办理社会保险。劳动报酬、社会保险等都属劳动合同的必备条款。

如果用人单位未按照规定履行，就要考虑一下用人单位是否规范的问题，要学会维护自己的合法权益。

（二）试用期"去与留"的选择

虽然人才市场供大于求是事实，刚毕业的大学生找到一份工作不容易，但如果在试用期内出现下面几种情况，需要根据实际情况做出判断和选择。

◎ 公司管理不规范，在诚信上存在问题。诸如：薪资与面谈时不符；未能足额发放工资；不能按时缴纳社会保险；特殊岗位缺乏相应的劳动保护等。

◎工作内容与面试时不符。如岗位描述是文职类岗位，入职后发现是销售类岗位，或者出现入职以后未经过充分沟通就随意调岗等情形。

◎ 公司经营不善，管理混乱，办公室派系纷争激烈，前景堪忧。

◎ 对工作内容缺乏兴趣。

如果出现前几点，建议果断离职。毕竟试用期离职损失最低。如果是对工作内容没有兴趣，先要考虑清楚你的兴趣到底是什么？考虑清楚再做出决定也不迟。有些同学只是知道自己对这项工作不感兴趣，却并不知道自己的兴趣到底是什么？这样贸然离职不可取。

总之，如果选择离开，要果断，不要拖泥带水。否则对企业和个人都是伤害。如果选择留下，要认同企业价值观，严格遵守企业规范。

（三）试用期我们能做什么

◎快速进入工作状态。有些新员工试用期快结束了，还处在"游离状态"，没有深入到工作中去，这种情形不可取。应积极投入到工作中，尽快进入工作状态，快速熟悉业务，为今后的职业发展打下良好基础。

◎不懂就问。平时要多观察、多学习，放下面子，不懂就问。不懂就问是学习的开始。在工作中遇到任何不明白、不清楚的地方，一定要诚心请教。

◎试着解决问题。不要总抱着"我还在试用期"的想法，不敢去尝试，遇到困难就推给别人。学着独立思考，试着解决问题。记住，你能够解决的问题越多，工作能力就越强大。

◎不犯错误。注意工作细节，尽量不犯错误，毕竟还在工作考察期间。特别注意不要迟到早退，尽量不要请假。

◎经常与上级沟通。常与上级或"导师"沟通。向他们虚心请教，请他们指出你的不足，这样做有利于顺利开展工作。

◎找到朋友。研究表明，在职场交到一两个好朋友，有助于缓解压力。朋友会成为你倾诉心声的对象。记住：与你同期入职或者入职时间比你早几个月的同事，更容易成为朋友。

总之，试用期是用人单位和求职者双向考察的过程。用人单位可以在试用期内考察"新人"是否符合岗位要求；新员工同样可以在试用期内了解用人单位管理是否规范，发展前景如何，企业文化能否适应，岗位要求与职业兴趣是否存在冲突等，然后理智地做出选择。

八
评估目前的工作

李华入职 6 个月的时候，迎来了第一个"低潮期"。事情源于一次同学聚会。看到昔日的同学们意气风发，有的担任"城市经理"，在自己的"独立王国"里做得风生水起；有的故作"神秘地"炫耀自己的薪水。想到自己还做着"跑腿打杂"的工作，拿着"可怜分分"的工资，李华心里不免失落。再加上转正以后，上司对自己的"关注度"明显降低，而行政工作又多是一些琐碎的事情，于是心生倦怠，心猿意马起来……

这是微博上面的一个热帖。某互联网公司 CEO 吐槽 95 后实习生，因为电脑"太烂"而离职。太任性！而这位 95 后实习生认为，电脑慢，总死机，严重影响工作，公司又不允许他自带笔记本电脑上班，所以选择辞职。

网友纷纷开始讨论。有网友告诫这位实习生要稳重，不要意气用事。毕竟工作不好找，要珍惜。另一些网友则认为，电脑"破"就会导致工作效率低，并且公司如果连必需的办公设备都不能配置，那还"耗着"干嘛！

在这里很难评论孰对孰错，也许没有对错，只是站在不同角度做出的不同选择而已。但毋庸置疑的是，工作第一年的离职率确实高得惊人。

据媒体报道，工作第一年大学生离职率高达 70%，虽然不同行业之间有些差异，但离职率之高令人吃惊。这说明在就业压力加大的今天，存在"先就业再择业"的心态，入职的盲目性导致大规模离职；另外，也反映出员工浮躁的心态。工作时间不长，工作能力还没有多大长进，就开始不满，对单位的管理制度不满、对工资待遇不满；开始抱怨人际关系复杂、抱怨领导缺乏能力。不懂得先剖析自己，却开始向往"别人家"的风景。

有一篇演讲文章，名为"钻石就在你家后院"，大致内容是这样的。

从前有位波斯人阿里·哈法德，拥有大片的稻田和园林，是一位富有的人。有一天，他听到一位年轻人说：如果一个人拥有满满一捧的钻石，就可以买下整个国家的土地；要是他拥有一座钻石矿，就可以利用这笔巨额财富，登上王位。那天晚上，哈法德变成了一个穷人——并不是因为他失去了一切，而是因为他变得不满足。

第二天，他去问那位年轻人在什么地方可以找到钻石矿。"只要你能在高山之间找到一条河流，而这条河流是流淌在白沙之上的，那么，你就可以在白沙中找到钻石。"于是，哈法德卖掉农场，把家交给朋友照看，出发去寻找钻石了。他一直在寻找着，花光了身上所有的钱。在旅途的最后一站，这位历经沧桑的可怜人站在海边，带着他未完成的梦想，投入迎面而来的巨浪中，从此永沉海底。

几十年后的一天，哈法德的朋友牵着骆驼到哈法德的花园饮水，他突然发现，在那浅浅的溪底白沙中闪烁着一道奇异的光芒，他伸手下去，摸起了一块黑石头，石头上有一处闪亮的地方，发出彩虹般美丽的色彩。他大声地叫道："这是一颗钻石！是一颗钻石！"他用手捧起水里的白沙，发现了许多比第一颗更美丽的钻石。哈法德历经艰辛寻找的钻石，原来就在他家的后院。

这个传奇的故事告诉我们一个道理，要学会珍惜，珍惜眼前的一切。不要像家长盯着"别人家的孩子"一样，我们总是盯着"别人家的工作"。

某某同学的公司又组织旅游啦！某某同学公司食堂饭菜太丰富啦！某某同学的工资比我高！殊不知，我们眼里的"别人"也在"羡慕"我们。西方有句谚语：不要只看到邻居家的草坪郁郁葱葱，却忘了给自己家的草坪除草浇水。

细细想来，入职以后，你仔细分析过你的工作吗？你认真思考过现在的工作给你带来了哪些改变吗？不要总是羡慕"别人"的工作、不要总是感叹"自己生不逢时"、不要总是抱怨成功的可遇不可求，是该认真思考一下自己的时候了。

我们无意讨论"先就业后择业"的对错，只是希望能够客观地对现有职位进行评估，冷静审慎地做出分析，不要贸然做出决定。

对单位和岗位进行评估可以参考以下几方面：

（1）我所在的行业是朝阳行业吗？未来的发展前景如何？

（2）在公司的这段时间里，我学到了哪些东西？哪些能力得到了提升？这些知识和能力对我的影响大吗？

（3）现在的工作具有挑战性吗？我的优势是否能够发挥？是否有独当一面的机会？

（4）我能接受现有的薪资水平吗？根据公司规定，目前的岗位涨薪机会大不大，涨薪的幅度是多少？

（5）办公室政治是否在可以接受的程度内？

当你认真评估一下目前的工作后，再做出决定不迟。

几天以后，经理对李华说："马上到六·一儿童节了，公司准备组织一场'亲子会'，由你来负责，尽快出一份方案给我。"这是李华独立组织的第一个项目，她认真准备，查资料，写方案，三天以后，她把方案提交给经理。很快她收到经理的回复邮件。邮件上批复：整体方案很好。其中，游戏环节根据不同年龄段的孩子，安排了不同的游戏，考虑得很细致，而且游戏的趣味性很强。但也有一些问题，需要具体说明：

（1）活动费用预算请列出明细，而不只是总金额。

（2）整个活动时间3小时是否太长，低幼小朋友能否坚持下来？

（3）活动中小朋友的安全如何保证？有无安全防范措施？

（4）方案上提到需部门内部人员配合，请详细说明需要几人配合？具体做哪些工作？便于确定人选。

李华根据经理的意见，反复修改了多次，才最终确定下来。

通过这件事，李华很是感慨。一场看似简单的活动，因为经验不足，很多细节没有考虑周到。仔细想一想，平时觉得没有机会，现在有了机会，自己能够出色地完成工作任务吗？抱怨上级不再"关注"自己，为什么不主动与上级沟通呢？如果真要重新选择，自己的"本钱"有多少？

李华认真思考以后，主动与经理进行沟通。经理说并不是不再"关注"她，而是希望她尝试着自己解决问题，培养她自主工作的能力。在经理的帮助下，李华重新制订了工作计划。她决定塌下心来，好好投入到工作中。

九
如何面对内部转岗

　　入职以来，李华一直从事行政工作。她对待工作用心、努力，赢得了同事和领导的好评。但她一直有个梦想，就是想从事人力资源管理工作。尽管工作繁忙，她依然坚持周末学习，并考取了初级人力资源管理师的证书。恰巧公司进行内部选聘竞岗，其中有人力资源助理的岗位，李华觉得这是一个难得的好机会。她和部门经理沟通，详细谈了自己的职业规划以及为此付出的努力，她的想法得到了经理的理解，表示支持她参与竞选。最终李华赢得了这个职位。

　　虽然事先做了准备，取得了资格证书，进入新岗位的李华实际操作起来还是遇到不少困难。所幸，部门同事给了她很多帮助，使她少走了不少弯路。因为是喜欢的工作，李华投入了极大的热情，很快熟悉了工作流程，工作渐渐走上正轨。

　　李华的朋友小蓝就没有这么顺利了。小蓝入职后一直在产品开发部任项目助理，但由于种种原因，该项目经理突然辞职，项目组解散，组内成员被重新安排岗位。在未征求意见的情况下，她被安置到了市场部，从事售前支持工作。接到调令，小蓝忧心忡忡。全新的岗位，陌生的工作环境，一切都要从头开始。小蓝萌生了离职的想法。几天以后她冷静下来，对公司和岗位进行了理智的分析。她任职的公司在行业内处于领先地位，发展前景良好，并且薪资和福利待遇都很不错，当年她是"过五关斩六将"经过多轮面试才进入这家公司的，如果离开有些可惜，况且要找到同等待遇的工作并不容易。而且小蓝觉得自己参加工作不久，正处于职业成长阶段，多接触一些领域，多学习一些知识可以为今后的职业发展带来更多可能性。于是小蓝决定留下来，进入新岗位重新学习。

由于新岗位和她以前从事的工作内容相差很大，起初工作很不适应。以前从事项目助理工作，项目组经常组织内部沟通交流，作为同一个小组的成员，大家目标一致，所学的知识也相近，沟通起来很顺畅；售前支持岗位要直接面对客户，需要将产品的特点、性能讲解清楚，让客户明白，为销售人员提供支持。她面临着双向沟通任务，既需要与内部营销人员沟通，又需要和客户沟通。小蓝的优势是对产品比较了解，但与人沟通能力稍显不足。为此，小蓝压力很大，常常失眠。

在新岗位工作 3 个月以后，小蓝依旧没有进入状态。她主动向上司"求助"，讲了自己的烦恼。经理先肯定了她做出的努力，然后帮助她分析了自身的优劣势，鼓励她多做尝试，从而激发了小蓝的信心。她努力调整自己，细心观察营销人员怎样与客户沟通，业余时间读一些沟通技巧方面的书籍，让自己尽快地适应新工作。一段时间以后，小蓝的工作开始有了起色，由于能给客户提供丰富的产品知识而得到客户的肯定，与营销人员的配合也越来越默契，小蓝的心慢慢踏实下来了。

由于就业环境和就业观念的改变，一个人一生只从事一种职业的概率降低，多数人一生会在不同的公司从事不同的工作。职业转换成为每个人都遇到的问题。职业转换包括公司内岗位转换、公司间岗位转换和职业间的转换等。现在我们只就公司内的岗位转换进行讨论。

李华和小蓝都经历了公司内部岗位转换，即转岗问题。李华是主动要求转岗，并为此做了积极的准备，过程比较顺利；小蓝是被动接受岗位的改变，适应时间比较长，过程也更艰难一些。

那么，如何面对职业转换？在转换职业方面需要注意哪些问题呢？

（一）新旧岗位差异越小，转岗越顺利

工作适应理论认为，工作适应受两个特征的影响：称职和满意。简单来说就是，只有当工作环境能满足个人的需求（内在满意），个人也能满足工作的技能要求（外在满意）时，个人在该工作领域才能够得到持久发展，而每个人都会努力寻求个人与环境之间的符合性，当工作环境能满足个人的需求，又能顺利完成工作任务的要求时，符合程度随之提高。由此看来，选择职业或生涯发展固然重要，但就业后的适应问题更值得关注。

转岗对每个人来说，都是一次新的开始，要从"旧"角色中脱离出来，进入"新"角色。在岗位转换前，每个人都会有意识或无意识地对转换的职业产生预期。预期与实际体验的差异对转岗造成很大的影响。如果新旧角色之间差异不大，比如，从公司第一事业部的销售岗转到第二事业部的销售岗，如果产品线也是相同或者相近的话，角色之间差异很小，转岗容易被接受，适应新角色相对容易。相反，如果转岗的职业角色差异很大，转岗就面临很大的挑战。一般来说，职业角色差异越小，转换时间越短，反之，转换时间越长。这也是为什么李华转岗能够顺利成功，而小蓝需要长时间适应的主要原因。

（二）客观分析，积极调整

有些人由于入职比较盲目，工作一段时间以后发现自己"入错了行"，对于现在的职业既不喜欢也不擅长，有了转岗的念头，并且转岗的岗位与现有岗位差别很大。这个时候就需要冷静分析，自己到底喜欢什么和擅长什么？进入新岗位能带来哪些改变？目前的能力和新岗位的要求有多大的

差距？如果重新适应和学习，是否能够承担由此带来的时间成本和经济成本。对各方面进行仔细斟酌之后，再决定是否转岗。

另外，企业内部组织结构发生变化，本人无法左右，就像上文提到的小蓝一样"被动"转岗。这时最重要的是对新角色进行客观的评估，分析利弊，做出选择，然后投入到新工作当中。

不管是个人原因还是企业变动，今天的员工将面临更多的职业转换。在进行内部转岗时，首先应该考虑是否有利于职业发展，是否能够带来更高的工作满意度。因为个人工作满意度越高，在这个工作领域越能持久。另外，主动迎接挑战，接受新角色，适应新环境，积极面对，这将更利于转岗的成功。

+
了解自我偏好，规划职业未来

陈锋通过"校招"，经过层层选拔进入大家梦寐以求的一家大型国企工作，但入职三个月就开始厌倦了，用他的话说："工作太单调，没有任何挑战性，死气沉沉的工作环境，我快要疯了！"陈锋爱好广泛，喜欢挑战，按部就班的工作并不能满足他那颗追逐"自由"的心，人人艳羡的"稳定"工作，对他来说就像戴上了"镣铐"一样。

刘璐学习成绩优异，毕业后应聘到一家咨询公司工作。作为项目助理，刘璐经常跟随项目组出差，一年有八九个月在外地，几乎没有节假日，没有自己可以支配的时间，这让刘璐非常沮丧。刘璐性格开朗，热爱运动，是户外运动的发烧友。读大学时，她每年的寒暑假都是在户外度过的。现在的工作使她无法继续热爱的户外运动，无规律的作息时间也使她厌倦。现在的她，时常考虑的是："我是不是做错了什么？我要不要换一份工作重新开始呢？"

王欢入职三个月就熟悉了工作内容。作为一名行政文员，她的工作繁杂琐碎。打印文件、通知开会、整理资料等，多是一些服务性质的工作。工作简单缺乏技术含量，可王欢做得津津有味。她会观察到一些细节，比如办公室零食哪些受欢迎？哪款咖啡员工最爱？在不增加经费的情况下，她会多订购一些，满足大家的需求。还有打印纸多长时间需要领，饮水机几天需要换水，她都记得清清楚楚。她喜欢秩序感，把工作安排得井井有条。她很少加班，周末按时休息，因此，有更多的时间发展自己的爱好。她很享受现在的工作状态。

我们姑且将职业偏好粗略地分为三种：

进取型：进取型的人不满足于现状，他们更希望成为蓝天上翱翔的雄鹰，在广阔的天地大有作为。他们喜欢挑战，热爱运动。在工作中表现为主动、积极、喜欢发表观点，渴望展现自己的才华和能力。对一成不变的程序性工作不感兴趣。

稳定型：他们习惯在一个相对稳定的环境进行深度研究。他们喜欢思考，关注细节，对领导交办的工作尽心尽力地完成。他们喜欢按部就班地工作，一旦什么事情打破常规就会使他们紧张。他们喜欢什么事情都在自己的掌控之中，他们不希望失控。他们默默地工作，不爱表现自己，很长时间可能人们都忽略他们的才华，可在关键时刻他们总能爆发，让人们看到他们的闪光点。

自由型：他们喜欢无拘无束地生活，希望能够自主支配时间。他们往往是乐天派，有自己的兴趣爱好；他们能够很快适应工作环境，每天神清气爽地投入工作；他们做人做事简单直接，执行力强；他们不喜欢被人命令，他们聪明，有才华。如果有可能，他们更喜欢安逸的生活。希望周末不被打扰，能够随心所欲地休假。

职业偏好没有优劣之分。职业的选择跟自己的性格、价值观和对生活的态度密切相关。要知道，工作不是生活的全部，使自己幸福才是人生的目标。选择职业要谨慎，尽量选择和自己的"习性"相近的工作，这样更容易享受到工作的乐趣。当你对工作没有热爱，只是应付的时候，绩效一定会受到影响，对于公司来说是损失，而对于个人而言，浪费了时间，辜负了青春，也无益于职业的成长。

当你意识到，职业并未给你带来成长，也不能使你快乐的时候，就到了需要停一停，认真思考一下的时候了……

十一
无边界职业生涯时代如何做好职业管理

无边界职业生涯是指超越单个就业环境边界的一系列的就业机会。1994年，Arthur首次提出"无边界职业生涯"的概念，随后出版了《无边界职业生涯》一书，对其观点进行了详细阐述，使"无边界职业生涯"逐渐成为一个颇具影响力的观点，这种观点的出现给传统的职业生涯管理带来了很大的冲击。

20世纪中后期，信息技术迅猛发展，企业间竞争激烈，破产、并购屡见不鲜。这使得企业用工形式发生了改变，企业逐渐打破了传统的终生雇佣制的用工形式，更多采用短期工或者劳务派遣的方式。雇佣关系的改变，使得员工流动性大大增强。20世纪80年代人才要15~20年才会有一次工作变动；80~90年代，缩短为每隔10年人才大约会有一次工作变动；到20世纪90年代，缩短到每隔5年人才大约会有一次工作变动。无边界职业生涯概念正是在这种背景下提出来的。

无边界职业生涯强调以就业能力的提升替代长期的雇佣保证，使员工能够超越不同组织实现持续就业。在无边界职业生涯时代，我们需要做的是提高职业竞争力，保持持续就业的能力。

（一）追求"稳定"不如追求成长

刘新毕业后应聘到一家高新技术企业工作，入职不到一年，企业被另一家大型公司收购。收购以后公司的组织架构进行了大规模的调整，他所在的部门被整体裁掉，他不得不重新进入就业市场，面对新一轮职业竞争。我们从网上看到"乐视"公司员工排队办理离职手续的画面可能有点"扎心"，但这就是严苛的现实。近几年，企业破产、裁员、并购等消息屡被报道，不仅民营企业，国有企业破产重组的案例也不在少数，不知什么时候"彩蛋"就会降临在你的头上，这使得职业稳定性大大降低。即便企业想给员工提供稳定工作的机会，外部的激烈竞争也会使得企业力不从心。"铁饭碗"被打破，所谓"稳定"的工作越来越难以保障。在这种情形下，我们只有接受变化，不断学习，努力提高职业竞争力来应对外部的挑战。职业竞争力包括内部竞争力和外部竞争力两方面。"内部竞争力"是指员工在任职企业的价值。"内部竞争力"高的员工，能够胜任工作，为企业创造价值，因此得到重用，有更多的职业发展机会，在同等情形下被解雇的可能性降低。"外部竞争力"是指求职者在劳动力市场上的价值。"外部竞争力"比较高的求职者在劳动力市场上更受欢迎，容易得到雇主青睐，能够更快地找到适合的工作，并且在劳动力市场上具有"议价"能力，可以获得满意的薪水。职业竞争力是实现就业、稳定就业的核心因素。对于新员工来说，正处于职业生涯早期阶段，学习和成长是关键，要珍惜工作岗位，珍惜在工作中学习的机会，为职业发展打下坚实的基础。

（二）做好终身学习的准备

为了应对激烈的竞争，企业内部组织架构随之发生变革，打破了原来金字塔式结构，在内部组织结构上更趋于扁平化。这使得员工晋升的机会减少，内部横向流动的机会增加，比如部门内的岗位变动或者部门之间的调动等。这意味着员工必须要不断地学习新知识、掌握新技能以应对频繁的岗位变动。

在信息和知识经济时代，瞬息万变，新兴行业和职业快速涌现，而一些职业则面临着衰退消失。这种日益增加的跨专业、跨领域的职业机会对工作技能提出了很高的要求。持续学习、终身学习变得很有必要。彼得·圣吉是最早提出"终身学习"理念的管理学家，他认为一个人所掌握的知识如果每年不能更新7%的话，就无法适应知识社会的变化。学习将伴随整个职业生涯过程，边学习、边工作成为常态。只有不断更新知识，掌握新技能，才能适应未来工作的需要。

总之，在这个快速发展和变革的时代，我们能做的就是适应变化，迎接挑战，训练自己的职业能力，有目的、有计划地提升自己的职业竞争力。

第二部分
职业素养——成败的关键因素

十二
积极心态的力量

　　小 A：工作场所是开放式办公空间。我的办公工位上有一台电脑，准确地说是一台"破"电脑，版本太低，而且网速像蜗牛爬行一样慢；经理是一位胖胖的"大叔"，说话速度很快，看上去非常强势，在他手底下干活可要小心了；食堂是自助餐，饭菜只能说一般，勉强合格。

　　小 B：工作空间布置得很漂亮，我工位旁边是一位"美女"。我主动上前问好，简单交流后发现居然是同门"师姐"，有一种遇到"自己人"的欣喜，以后有不懂的地方就可以向"师姐"请教了；领导自我介绍说已经有 8 年的工作经验了，跟着他肯定能学到不少知识；中午去食堂就餐，居然是免费的，还有多种饮料可以自选。简直就是惊喜！

　　小 A 和小 B 同一天到同一家单位相同的部门实习，但他们对单位的认识却有着很大的差别。进入工作场所，小 A 关注的是电脑太旧，网速太慢，而小 B 则关注到身边的同事，并且主动上前沟通。对领导的看法更是明显不同。小 A 认为领导很强势，告诫自己工作要小心；小 B 则认为领导有多年的工作经验，可以学到不少知识。对食堂的饭菜也有着不同的看法，小 A 认为食堂饭菜一般，勉强合格；小 B 则为食堂可以免费用餐而且还提供饮料而开心不已。

　　小 A 和小 B 两个人之所以对同样的事物看法有差别，是看待事物的角度不同，但更重要的是看待事物的态度不同。显然小 B 善于正向思考问题，看待事物更积极。可见，态度对一个人的影响是很大的。

《定见》一书的作者约翰·奈斯比特是世界著名的未来学家，埃森哲评选的全球 50 位管理大师之一。1967 年创办"都市研究公司"，使用自创的"内容分析"方法研究美国社会。主要著作《大趋势》一书目前在全球共销售了 1400 多万册。

有一天，他的朋友托尼问他是怎么工作的。他说自己收集了大量信息，阅读了许多报纸，与世界各地不同文化背景的人广泛交流，这一切帮助他明了世界发展的趋势。托尼很不解地说，如果照你说的那样，未来就隐藏在现实生活之中，我如果也研究观察当今的世界形势，那么我应该得出和你一样的结论。但事实上，我并没有得出和你一样的结论，究竟是为什么呢？约翰沉思了一会儿，因为他还没有想过这个问题。但思考之后他明白了。这种差异并不是他们所看到的事实不同，而是他们看待事实的方式不同。约翰说："那是因为我的心态。"约翰多年来凭借自己的原则和价值观看待这些事实，已经形成了固有的思维模式和看问题的方式。他说，心态就像雨水所灌溉的土壤，土壤的不同会导致植物的不同，而不同的心态会促使人们对一样的事实得出不一样的结论。事实本身是不变的，但结果很不同。

就像小 A 和小 B，看到的事物相同，得出的结论却不同，这是由心态决定的。

我们该以什么样的心态对待工作和生活呢？马丁·赛里格曼是积极心理学的开创者。他认为，积极是一种选择、是一种健康的生活态度和出色的心理素质。相对消极而言，积极的人更加乐观。积极心理学的研究已经表明，具有积极观念的人具有更良好的社会道德和更强的社会适应能力，他们能更轻松地面对压力、逆境和损失，即使面临最不利的社会环境，他们也能应付自如。

积极心态有助于适应新环境，这一点对初入职场的大学生非常有用。一般积极的人格特征有一个重要的维度，即正向的利己特征。也就是说，拥有积极态度的人能够接受自我，能够把握环境并应对环境的挑战。

积极有时表现出一种"无为"，即能够直面现实，如实接受。接受该接受的，做自己能做的，这看上去很无奈，却是最佳的选择。初入职场，面对陌生的环境，知道自己并不能改变什么，不如选择"积极地接受"。

拥有积极心态的人更容易建立和谐的人际关系。持积极态度的人具有乐观、宽容的特征，与人沟通时更为主动。比如前面的小 B，主动与旁边工位的同事"问好"，并在交流中得知是同门校友，从而为良好的人际关系打下基础。持积极态度的人往往具有开放包容的心态，在交往中能够客观地看待事物，从而化解人际矛盾，使人际关系更加和谐。持积极态度的人，在他人需要的时候更愿意帮助别人，从而在自己需要的时候能够获得他人的帮助。

马丁·赛里格曼从美国大都会人寿保险公司的 15000 名员工中筛选出 1100 人作为观察对象，对其进行 5 年追踪后发现：具有积极情绪的经纪人业绩比经常表现出负面情绪的人高出 88%，而负面情绪的人的离职率是积极者的 3 倍。据统计，在历年的美国选举中，积极乐观是一项重要的指标。通过候选人是否乐观可以预测当选者，最后成功当选的人中 90% 是乐观者。所以说，拥有积极心态的人更容易在职业上获得成功。

消极的态度具有与积极态度相反的特征。持消极态度的人自卑、多疑、常关注到事物的缺点。他们经常抱怨，爱指责别人，遇到压力表现得灰心丧气，遇到困难容易放弃。持有消极态度的人常常自我设限，找这样、那样的借口，使自己的潜能得不到发挥；而持积极态度的人则可以调动、激发自己的优秀潜质，展现自己的才能。

初入职场，压力和挫折是难以避免的，不要怨天尤人，觉得全世界就自己不幸，就自己怀才不遇，甚至产生自暴自弃的念头。要学会用积极的态度接受"不完美"的现实，每个人都是在不断地克服困难中成长起来的。最重要的是，在挫折和失败面前，能够不屈不挠，依然坚持自己的梦想。

十三
关注结果，承担责任

有一位名人曾说"年轻人犯错误，上帝都会原谅"。这句话用在学生身上更为恰当。在求学期间，只要和学习相关，你可以从不同的方向探索、尝试，可以不断地"试错"。在某种情况下，老师也会鼓励学生多尝试。即使出现错误，多数情况下也会得到谅解。进入职场就不同了，从事的任何工作，即使再简单的基础性工作，都是和团队相关的，是和责任相连的。你每一次失误带来的损失，都可能会给团队乃至整个公司带来不利的影响。这就要求我们学会承担责任，为结果负责。这是对职业人的基本要求。

（一）具有责任心

每一个岗位都有其特定的责任。在这个世界上，没有不需要承担责任的工作。责任的含义是指应尽的义务和分内应做的事。员工要做的是履行岗位责任，把工作圆满完成。走上工作岗位，意味着你接受了该岗位赋予你的责任和权利，你需要履行职责，恰当使用你的权利。承担责任就是对自己的行为负责，对授权者负责。

约翰·坦普尔顿是著名投资专家，他通过大量的观察研究得出了一条很重要的原理："多一盎司定律。"意即只要比正常多付出一丁点儿就会获得超常的成果。盎司是英美重量单位，一盎司相当于1/16磅，看似是微不足道的重量。坦普尔顿指出：取得中等成就的人与取得突出成就的人几乎做了同样多的工作，他们所做出的努力差别很小——只是"多一盎司"，但从其结果看，却有着有天壤之别。这多出来的"一盎司"就是责任。同样的工作，如果你比同事多努力了一点，你完成的工作就会更出色。这恰恰是责任心强的体现，也是"平庸"和"优秀"的差别。在实际工作中，由于岗位不同，责任有大有小，有轻有重，但无论责任大小，都需要我们尽职尽责地完成工作。

（二）敢于承担责任

责任的另外一层含义是敢于承担责任，对结果负责。一个人只有敢于承担责任，才有可能被赋予更大的责任。你抱着负责任的态度，圆满地完成工作，才有机会接受更重要的工作。试想，如果你对日常工作马马虎虎，敷衍了事，上司还会交给你更重要的工作吗？

人非圣贤，孰能无过。初入职场，工作上的小失误在所难免，关键是你对待工作失误的态度，你敢不敢承担因为失误造成的不利后果。

小程大学毕业后应聘到某集团的电气部工作。他工作刻苦，肯钻研，很受领导器重，成为新员工中的佼佼者。公司的发电厂新建了配电室，检测安装完毕交付使用。因电气部主任有事请假，公司决定由小程负责，这也是他第一次负责这么重大的项目。这时的小程觉得自己业务水平有了提升，又有了独当一面的机会，于是变得有些飘飘然起来。在配电室正式启用前，应该先对线路检查一遍，然后才能正式启动，而小程却直接按下了启动键。瞬间整个公司的设备全部停了，因为短路，两台价值数万元的配电柜被烧坏，其中一台还起了火，所幸很快就被扑灭了。事故发生后，小程没有逃避，而是积极地进行检测检修，一天以后，公司恢复供电。通过这件事彻底改变了小程对职业的看法，从此多了一份对职业的敬畏心和责任心。

面对工作失误，小程不推脱，不逃避，他勇敢地承担责任，尽全力弥补损失。他敢于承担责任的态度，获得了领导和同事的认可。

职场进步的前提是你主动接受了职责，并尝试肩负起新的责任。一位哲人曾说：当我们竭尽全力，尽职尽责时，不管结果如何，我们都赢了。因为这个过程带给我们满足，使我们成为赢家。

十四

敬业的人都热爱工作

公元前 440 年左右，雕塑家菲亚迪斯接受任务去雕塑雅典帕特农神庙顶上的神像。作品完成后，菲迪亚斯前去索要工钱时，却遭到了雅典城司库的拒绝。

司库狡辩道："这些神像，高高矗立在神庙顶上，并且是在雅典最高的山上。除了神像的正面之外，其他几面没人能够看到，而你却雕刻了神像的全身，连没人能够看见的背面也雕刻了，浪费了我们不少的钱财。"

"您错了，"菲迪亚斯反驳道："上帝能够看到神像的背面。"

菲迪亚斯尊重自己的职业，他全身心投入工作中，竭尽全力呈现完美的作品。由于菲迪亚斯对工作的认真执着和精湛的技艺，这些神像在 2400 年后的今天仍被认为是最伟大的西方传统雕塑作品之一。

孔子曰："事思敬"，就是指要专心致志做所要做的事，也就是我们通常说的敬业。敬业是敬重所从事的职业，是人类淳朴而伟大的美德。敬业是立业之本，敬业的人都热爱自己的工作。因为热爱，使他们更积极、更高效、更投入、更忘我。他们百分之百专注于工作，甚至痴迷于工作，因此他们的成就远远超过那些马马虎虎应付工作，糊里糊涂混日子的人。有一个不争的事实，就是那些在事业上取得成绩的人，都是热爱工作的人。

小野二郎是全球最年长的三星大厨，在日本有"寿司第一人"的美誉。他的这间隐身东京办公大楼地下室的小店面，曾连续两年荣获米其林三颗星最高评鉴。

7 岁时，小野二郎进入家乡的一家料理店做学徒，从打扫、磨刀等基础的活计干起。26 岁的他决定学习制作寿司的手艺，于是到东京拜师学艺。1965 年，40 岁的小野二郎开了一家自己的寿司店，店铺坐落在日本东京银座写字楼的地下室，名为"数寄屋桥次郎寿司"。他的寿司店很小很小，总共只有 10 个座位，只做几款寿司，不提供任何其他菜品和餐食。他制作的寿司，价格昂贵（最低消费 30000 日元），人们却趋之若鹜。顾客需要提前一个月预订餐位，月初开始预订，很快就被预订一空。在这里用过餐的顾客说："这是值得等待一生的寿司。"美国总统奥巴马访问日本，日本首相宴请奥巴马，就安排在这家小小的寿司店里吃寿司。

为什么这么多的人喜欢吃他制作的寿司，不惜花费一个月的等待时间？是因为他从食材的选择到制作的每一个环节，都一丝不苟，精益求精；更重要的是他对职业的热爱，他把这种"热爱"握进了寿司里。他说，一旦你决定好职业，你必须全心投入工作之中。你必须爱你的工作，千万不要有怨言。你必须穷尽一生磨炼技能，这就是成功的秘诀，也是让人家敬重的关键。如今已经 90 多岁高龄的小野二郎，依然每天准时到寿司店上班，亲手为顾客"握"寿司，向每一个顾客鞠躬道别。在超过 56 年的时间里，他每天都在"握"寿司，他只想做出更加美味的寿司。

在漫长的职业生涯中，小野二郎以敬业的态度和专注的精神，日复一日、持续精进、从一名饮食店的学徒，修炼成为受人们敬重的"寿司之神"。

敬业的员工具有把工作完成好的愿望和驱动力。一旦确立工作目标，就会对工作投入全部的热情，把工作做到尽善尽美，并且能够在工作中获得乐趣，得到满足感，实现个人价值。

戴维·麦克劳德在《敬业：从优秀到卓越的公司精神》一书中指出，敬业的员工为提高产品质量、为改善服务或为削减成本总是竭尽所能，力争把工作做得尽善尽美。他们给企业带来新思想，给团队注入活力，所以敬业的员工更受企业的欢迎。

新员工正处在职业生涯发展阶段的早期，培养敬业精神，热爱自己的工作，对一生的职业发展将产生重大的影响。

十五
工作不仅要"完成"，还要"完美"

李华任职的公司和当地高校开展"校企合作"项目，邀请高校负责人到公司参观、座谈，讨论合作的具体事宜。在讨论会开始前，部门经理叮嘱李华做好会议记录，并整理出一份会议纪要。李华想，会议纪要不就是记录下每个人的发言吗？这还不简单！她仔细记录下每一个人的发言，洋洋洒洒十几页发邮件给经理。临近下班，经理请她到会议室，进行了一次长谈。

经理将她发送的邮件从电脑中调出来，说："你看一下。"

李华不明白经理要说什么？难道是邮件出现问题，有什么纰漏，记录得不够详细吗？

"你给我的这份会议纪要，只能说完成了一半，如果说完成了，也是低质量的完成。你工作努力大家有目共睹，但工作不仅要'用力'，还要学会'用脑'。你的这份会议纪要，记录得很仔细，但缺乏条理，主次不清，没有重点。大家看到你的纪要，只能是一头雾水。你有没有仔细想过，会议纪要是做什么用的？要给别人提供哪些信息？有哪些基本格式和要求。如果不了解这些，怎么能写出一份合格的会议纪要呢？"经理说。

"我通读了一遍，有问题的地方都标注出来了。红色部分是错别字，有三处；标点符号错误有两处；前后矛盾和语句不通顺，有五处之多。不要认为这些是'小事'，这恰恰是工作中最需要重视的。这次会议，不仅是内部会议，还有合作的校方领导参加，会议纪要按要求应该发给合作方。如果合作方看到这样的会议纪要，会有什么想法？他们恐怕会质疑我们的专业能力。"经理继续说。

最后，经理说："工作绝不是简单地'做完'那么简单，而是要把工作'做好'。完成工作容易，将工作做好难！只有精益求精才能出彩。我将一篇怎样写会议纪要的文章和会议纪要的模板发到了你的邮箱，好好看一下。把这篇纪要重新修改，明早上班发到我的邮箱。"

李华事后回忆说："当时我羞愧难当，恨不能找个地缝钻进去。经理安排在会议室单独找我谈话，也是顾忌我的面子吧。不过，这盆'冷水'确实把我'浇'清醒了。新进公司，想好好表现，只知道拼命干，干得多，想得少。只想把工作完成，没想过怎样把工作做好，没认真考虑过工作质量这回事。这次谈话可以说是醍醐灌顶，我一直谨记于心。我立即仔细读了经理发来的文章，依照经理发给我的模板修改了会议纪要，仔细检查了三遍才发到经理的邮箱。走出公司的大门，已经是灯火辉煌了。虽然饥肠辘辘，但心里却畅快无比，像是完成了一件大事情。"

石川馨是日本著名质量管理专家。他是因果图的发明者，日本质量管理小组（QC小组）的奠基人之一。石川馨认为，质量不仅是指产品质量，从广义上说，质量还指工作质量。他认为，全面质量管理就是全公司范围内的质量管理。所有岗位，所有人员都应该参与和学习质量管理。

那么如何高质量地完成工作，以下两点对大家会有帮助。

（一）勤于思考

正如李华的经理所言，工作不仅要"用力"，还要"用脑"。对待工作要严肃认真，勤于思考，不能"想当然"。李华这次的错误就在于主观地认为会议纪要是"很简单的事情"，没有认真对待。如果她事先学习、了解一下会议纪要的格式，并认真校对，这种错误就不会出现了。

（二）注意细节

老子告诫我们说："天下难事必作于易，天下大事必作于细。"做大事要从细小处做起。李华的会议纪要出现错别字、标点符号错误，就是没有注意细节的表现。细节不是"细枝末节"，细节体现职业素养，细节体现专业能力。完美的细节是专业化的体现，只有具备了专业精神的人，才能铸造完美的细节。

工作就怕得过且过，囫囵吞枣。对工作要秉承一丝不苟、精益求精的态度，要有勤恳钻研、持续精进的精神，对任何一件工作，都力争做到最好。

十六
成本意识，是对资源的敬畏

小崔是一家体育用品公司的销售人员。在月度销售会议上，销售经理对销售前景作了分析，对业绩完成情况进行了说明，最后强调要严格控制销售费用，降低销售成本。小崔很不解，我的工作就是把东西卖出去，让客户满意，为什么经理一再强调控制销售费用呢？销售费用跟我有什么关系呢？

要讲清楚这个问题，要从企业存在的目的开始谈起。企业存在的目的是求得利润，有了利润才能生存、发展，才能回馈社会。

那么，利润从哪来？有两个渠道。

开源——提高营业额；

节流——降低成本。

所以，成本是企业最重要的核心竞争力之一。《华为基本法》中认为，成本是市场竞争的关键制胜因素。

那么，什么是成本？

成本是产品和（或）服务实现过程中所消耗的费用。公司内没有任何免费的东西，包括物品、空间、能源以及时间。成本包含在方方面面，从产品研发到生产、销售、物流、服务等环节。销售费用就包括在销售成本里，也是公司成本的一部分。

降低成本分为战略性降低成本和战术性降低成本两个策略。作为初入职场的基层员工，要尽量从自身的工作开始做起。节约成本和控制成本首先要从这些"小事"入手。

(一) 做好时间管理，提高工作效率

要珍惜时间，善于利用时间，提高工作效率。在公司做任何一件事情，都要衡量一下需要付出的成本，力争做到最简洁、高效。

(二) 争取一次把事情做正确，降低失误成本

加强学习，提高业务水平，尽量争取一次性地把事情做正确，减少失误，降低失误产生的成本，减少因工作返工浪费的时间成本。

(三) 珍惜物品，爱惜办公设施

为了保证工作正常开展，公司会配备办公设施设备，除了桌椅板凳，还有电脑、电话、打印机、复印机等办公设备。平日对设施设备要爱惜，在使用这些设备时，要依照说明书正确使用，避免非正常使用造成的损坏。

(四) 养成勤俭节约的好习惯

在日常的工作中减少浪费，降低费用成本。注意每一个工作环节，节约每一度电、每一升水、每一个办公耗材。

当然，不论是企业还是员工，成本意识一定是以满足客户的合理要求为基础的，不要为节省成本而损害客户利益。

总之，企业和员工是共同体，成本和每一位员工息息相关。在工作中，对于自己的每一项行为，都加以衡量，是否在做无用功、是否会浪费

公司资源，有没有更简易、更节省的办法来完成工作。尽可能地节省公司资源，提高工作效率，降低成本。

十七

"你看的是月饼，我说的是纪律"

《中国劳动保障报》曾发表题为"你看的是月饼，我说的是纪律"的文章，大致讲的是中秋节前夕，阿里巴巴公司内部开展"中秋抢月饼"活动，4名来自公司安全部门的员工因写脚本自动抢了124盒月饼，被公司辞退。消息一出，立即引发热议。有人为公司行为叫好，认为员工行为属严重欺骗，企业应坚持自己的价值观。也有网友认为阿里巴巴小题大做，太过绝情。知乎网上，一位阿里巴巴前员工表示，阿里的做法有点过了，不是所有的问题都能上升到价值观问题。针对事件本身，阿里巴巴的负责人给出了答案：游戏都有规则，万事都有底线。因为纪律不容冒犯。

纪律是什么？纪律就是规则。劳动纪律也称为职业纪律，是指劳动者在劳动中所应遵守的劳动规则和劳动秩序。劳动纪律是用人单位为形成和维持生产经营秩序，保证劳动合同得以履行，要求全体员工在集体劳动、工作、生活过程中，以及与劳动、工作紧密相关的其他过程中必须共同遵守的规则。

（一）为什么要遵守纪律

人是自由的，我就喜欢我行我素，不愿受拘束，为什么要遵守纪律呢？自由是相对的，无限制的自由不是自由，而是放纵。试想如果国家对自由不加以限制，没有法律法规的约束，人们为所欲为，那么社会则不得安定，百姓的安全则无法保证，更谈不上经济繁荣、安居乐业了。企业同理。在企业中如果没有纪律的约束，员工行为随意，工作秩序杂乱无章，会导致正常工作无法进行，产品品质得不到保证，这样的企业无法经营和发展。成功企业有一个共同的特点，就是有章可循，管理有序，令行禁止，赏罚有度。纪律懈怠，就会导致人心不稳，效率降低，给企业经营带来严重影响。

（二）纪律是小事吗

有人认为纪律是"小事"，平时犯点小错误无所谓。这种观点是错误的。遵守纪律是员工的基本准则。没有哪家企业会欢迎不遵守纪律的员工，也没有哪家企业看到员工犯错误而坐视不管。不遵守纪律是不负责任的表现，轻则失去同事的信任，重则影响到职业发展。

（三）纪律是完美的吗

纪律永远都不是完美的，要学会客观地看待纪律。企业发展了，有些规章制度需要重新修订完善。对纪律的不合理之处要通过正规渠道发表意见，切忌私下抱怨、发牢骚。在纪律制定的过程中可以直抒己见，但纪律一旦制定出来，就要严格执行。

（四）人性化和自由化

在制度执行过程中提倡平等沟通，管理上要人性化。在不触碰"底线"的情况下，制度的落实要考虑人情。但人性化并不等于自由化，人性化也不应成为不遵守纪律的借口。纪律是刚性的，无论什么人，都必须遵守。

　　新员工要对纪律有正确的认识。当你进入公司，作为公司的一分子，就要遵守公司的纪律。纪律不是束缚，纪律是企业正常生产和经营的保证。遵守纪律反映出一个人对待工作的态度。严于律己的人更容易得到同事和领导的信任。优秀的员工，都是遵守纪律的模范。

第三部分
工作方法与沟通技巧——提升工作效率

十八

良好的工作习惯，使你受益终身

小 A：办公桌面乱糟糟，水笔、本子、便签随便摊放在办公桌各处，资料、文件堆积如山，找起东西来手忙脚乱。电脑桌面"花乎乎"一片，寻找重要的信息要花费很长时间；电子邮件中垃圾邮件和常用邮件混在一起，常常不能在规定时间回复邮件；平日穿衣、作息不拘小节，给人慌张、局促的印象。

小 B：办公桌面明亮洁净，办公用品、文件资料放在固定位置，并有明显标识，方便取放和查找；电脑桌面分门别类，整齐有序，使用起来得心应手，查找资料快捷方便；工作邮件和垃圾邮件分开，对重要邮件第一时间回复；穿衣打扮整洁得体，整个人看上去神清气爽，给人稳重从容的感觉。

想一想，你是小 A 还是小 B 呢？

显然，小 B 具备良好的工作习惯。工作安排得井井有条，干起活来得心应手，而入职之初正是培养良好工作习惯的好时期。

（一）今日事今日毕

今日事今日毕，勿将今事待明日。在工作上要求今天的工作任务必须今天完成，这样才能够保证最终目标的实现。倘若当日工作任务未完成，日日累加，工作会变得越来越繁重，工作目标很难实现。

海尔集团根据多年的管理经验，总结归纳出 OEC 管理法，即"日事日毕，日清日高"，值得我们学习和借鉴。

"OEC 管理法"是英文 Overall Every Control and Clear 的缩写，是"海尔"集团根据多年的经验总结出来的一套系统、科学、规范的管理方法，被称为"海尔"稳定发展的基石。

O——Overall 全方位。

E——Every 每人；

　　　Everyday 每天；

　　　Everything 每件事。

C——Control 控制；

　　　Clear 清理。

OEC 即"日事日毕，日清日高"。"日事日毕"是对当天所发生的各类问题，当天弄清原因、分清责任，及时采取处理措施，避免问题堆积，确保目标得以实现。"日清日高"即对工作中的薄弱环节进行不断的改善和提高。总而言之，就是对每人每天所做的每件事进行控制和清理，并要求每天都要有所提高。

"OEC 管理法"不仅要求按时完成当日的工作，拒绝拖延，还必须对每日的工作进行改善提高。对提高工作水平，提升工作能力有很大帮助。所以，这种方法很值得初入职场的员工学习借鉴。

（二）明日事今日计

在工作上养成提前做计划的习惯。明天的工作，今天下班前做好计划，避免第二天上班后手忙脚乱，不知从何做起。

◎计划要周详。首先利用"工作清单法"详细列出工作任务，分别按照"准备事项""待办事项""正在进行的事项"和"临时交办的事项"等排列。在这些事项中，又分成重要事项和紧急事项，分别用不同的符号标记。符号标记随自己的喜好设计，没有一定之规，只要自己能看明白就行。标注的符号最好不要随意改动，以免混淆。例如，重要事项用※表示，准备事项用△表示，紧急事项用☆表示，并一直沿用。这样一看到标注就知道要做哪些工作了。另外，你也可以"开发"一些自己的标注，它们有时会起到特殊的作用。比如，在完成工作以后，你可以用彩笔画上一面小红旗，就像幼儿园阿姨奖励小朋友一样，给自己一个奖励，这也是鼓励自己的一种方式；如果工作不顺利，或者没有如期完成工作，会用彩色的笔画上一个"加油"的标记，算是对自己的激励。总之，有标注要比没有标注更加方便。

◎检查计划中未达成的任务。每日下班前对未完成的工作任务进行分析，找出原因，以便采取补救措施。例如，作为人力资源助理的李华，今天需要通知五位候选人参加下周一组织的面试，但其中二人电话未接通，也没有回复邮件。于是李华将这二人的情况在笔记本上做好标注，准备第二天再一次通知对方。这样做可以避免遗漏工作事项。

（三）回顾与总结

每天下班前通过"工作日志"的方式对全天的工作进行回顾和总结。记录完成工作的过程以及自己学到了哪些知识和技能，或者发现哪些方面自己需要学习，哪些技能需要提高；思考如果是同样的工作，自己能否胜任，能否找到更好的方法等。通过每天的总结，可以不断优化工作模式。

习惯有一种力量，一旦养成以后，往往在思考之前，身体已经先行一步做出了反应。良好工作习惯一旦养成，就可以把控工作节奏，不被杂事纷扰，冷静地面对工作中发生的各种问题。所以说，培养良好的工作习惯，可以使你受用一生。

十九

"番茄工作法"，有效提升专注力

"番茄工作法"是一种时间管理方法。时间管理的方法很多，侧重点各不相同。"番茄工作法"的主要目的是提升专注力。

如果你在做事情的时候不够专心，不能长时间专心停留在一件事上，你可以尝试采用"番茄工作法"。"番茄工作法"是提升专注力的利器，这一点被无数使用者证明。

为什么"番茄工作法"可以提升专注力呢？这要从他的创始人开始说起。

"番茄工作法"的发明人——弗朗西斯科·西里洛，他在读大学期间，苦于自己总是不能集中精力读书，学习效率不高。有一天，他对自己发狠说，我能学习一会儿吗？真正学上 10 分钟！可是有谁来监督他学习 10 分钟呢？他得有个工具帮他计算时间，替他掐算秒表。于是他找到一个厨房的定时器，形状像"西红柿"（Pomodoro，意大利语，"番茄"的意思）。于是，"番茄工作法"诞生了，这是 1992 年的事情了。"番茄工作法"就是弗朗西斯科·西里洛为克服自己精力不集中，缺乏专注力而发明的，当然，他成功了！这种方法本来就是为提升专注力而设计的，当然对提升专注力最有效。

什么是"番茄工作法"呢？如果用一句话概况就是：一次只做一件事！

具体来说，"番茄工作法"分为五个步骤：

第一步：计划。首先列出工作清单，然后按照重要程度把清单中的事项列入"今日待办"表格。"今日待办"指今天必须完成的工作事项，也代表自己的承诺。这里需要注意的是，你要清楚哪些工作应该放在"今日待办"表格中，有些事情你不打算今天做，就不要放进去。另外你要量力而行，提取的工作量是能够在一天的工作时间里完成的，不要开空头支票。"工作清单"和"今日待办"的不同是——"工作清单"是对工作事项的排列，它可能不分优先次序，也没有对完成期限做出承诺。而"今日待办"则是选出今天紧急或者重要的事项，并且作为对自己的承诺去完成它。这就促使你把精力放在重要的事情上，并且专注地做事情。

第二步：跟踪。确定好当天的工作事项以后，开启25分钟的"番茄钟"，从"今日待办"的第一项工作开始。每个"番茄钟"之间休息几分钟，休息的时间灵活掌握，但时间不要太长，以3~5分钟为宜。休息时不要想和工作相关的事情，尝试着放空自己。四个"番茄钟"以后，可以有较长的休息时间，作为对自己的奖励。不要吝惜休息时间，实践证明，适当的休息更有助于完成工作。

在"番茄钟"内只专注于做一件事，不要分心，专注、专注再专注。如果你突然想到有一个重要的邮件要回复或者其他重要的事项要办，可以做一个备忘录，记下来，等这个"番茄钟"结束以后再做。也不要把手伸向茶杯或者薯片，休息时你可以放松下来，尽情享受清闲的快乐。

一个"番茄钟"结束，任务却没有完成怎么办？不要继续工作，停下来，休息一下。然后再开启新的"番茄钟"。

也许你会问，一个"番茄钟"一定要25分钟吗？25分钟有什么特别的意义吗？25分钟是专注工作的最佳时间段吗？回答是：没有。你可以根据自己的习惯设置"番茄钟"的时间，可以是5分钟、10分钟或者更长的时间，完全以你的情况而定。不过，一旦确定时段，要坚持至少两周的时间，这样才不至于打乱节奏。保持节奏非常重要。

第三步：记录。你需要计算在每一个"番茄钟"内（以25分钟作为一个时间段）被打断的次数。一般用"丿"（撇号）表示。在你的"番茄钟"内，会有被打扰的时刻。比如，你的领导通知你有个紧急会议，你接到家人的来电等，使得你不得不停下来。把这些被中断的次数记录下来。在一天结束时，把这些数据归档，填入"记录"表格，以便于分析。

你会问，"番茄钟"中断了怎么办？

要尽可能地避免中断。中断会对注意力造成干扰。如果因为种种原因被中断，回来后还可以完成剩下的部分吗？答案是：不能。"番茄钟"不可分割，它相当于最小的货币单位。中断意味着任务暂时放下了，这个"番茄钟"就此作废了。你可以重新开始，开启新的"番茄钟"代替它。

还有一个问题，"番茄钟"还没有结束，工作任务已经完成了，要停下来吗？或者是要开始另一个新的任务吗？答案是：不要停，也不要开始新的任务。而是"过度学习"。"过度学习"是指达到熟练程度后，再继续深入学习，你可以回顾一下当前的任务，看是否有遗漏或需要改进的地方。

总之，要牢记，完成"番茄钟"数量的多少并不是用来衡量你的工作成绩的，而是记录你在这25分钟内的努力情况。这25分钟是不可分割的。在这25分钟之内，你只做一件事情就好。

第四步：处理。根据你的原始记录进行总结。例如，在一天之内，你的"番茄钟"被中断了几次。

第五步：可视化。就是把前几部分掌握的信息综合起来。帮助你有目的地进行调整，最终找到符合现状的工作习惯。符合自己的工作习惯一旦形成，就会比较容易坚持下去了。

　　"番茄工作法"的使用比较简单，只需要几张记录表格而已。困难的部分是对一项任务进行预估，某项任务你预估在三个 "番茄钟"内完成，实际可能需要四个或者五个"番茄钟"。不过，经过一段时间的摸索，找到规律，预估会越来越准确。

　　总之，"番茄工作法"可以帮助你提升专注力，是一套简单容易操作的时间管理方法。正像弗朗西斯科·西里洛所言，"番茄工作法"帮我们将100%的心智专注于当下，避免不必要的压力和负担。使用"番茄工作法"，你将学会微笑地达成目标，做强者而无须逞强用力。

　　笔者是"番茄工作法"的使用者。在写这篇文章的时候开启了"番茄钟"，采用的时段是25分钟，使用的是手机上的时钟定时软件。每个"番茄钟"之间休息5分钟。通常是站起来，离开办公座位，在房间内随便走一走，但一定注意不要打扰到周围的同事。休息时，尽量放松自己，不想工作任务。每四个"番茄钟"会休息15分钟。给自己泡杯茶或咖啡，偶尔也会来点小零食犒赏一下自己。

　　"铃铃铃"

　　好了。笔者用五个"番茄钟"完成了这篇文章。现在笔者要离开办公桌，好好放松一下，来包薯片，喝杯热茶吧！

二十
设定目标，使你的方向更清晰

如果有人问你，你的工作目标是什么，你能准确地回答吗？

"我想成为一名会计师。"

"我想成为设计总监。"

"我想成为老板。"

这些只能算是一种"想法"。"想法"不等于目标。

目标是什么？简单地说目标就是达到某种目的或标准。目标的设定应遵循以下法则：

◎具体（Specific），指设定的目标要明确而具体。

◎可度量（Measurable），目标应该是可以衡量的，不能太笼统，太笼统则无法衡量，也不知道自己是否取得了进步，对建立自信没有帮助。

◎可实现（Attainable），目标的设立不可过高或者过低，要在付出努力的情况下可以实现。目标设立太高，难以达成，会丧失自信；目标过低，会失去努力的动力。

◎相关性（Relevant），指目标与工作是相关联的。如果实现了这个目标，但对其他的目标完全不相关，或者相关度很低，那这个目标即使被达到了，意义也不是很大。

◎有时限（Time-bound），目标应该有时间限制。

这就是制定目标的 SMART 法则，也被称作"黄金法则"。

工作中需要设定目标吗？答案是：Yes！我们常常感到光阴虚度，无所事事，一天过去了，发现自己什么事也没做，其实并不是你没有能力，而是缺乏动力。清晰的目标会给我们带来动力。目标就是方向，当方向明确了，行动力就会增强，就更加清楚做什么、怎么做。在工作上设立一个明确又可行的目标，可以使工作更有方向感，督促自己全力以赴为之努力。

在一次国际马拉松邀请赛中，许多世界知名选手参加比赛，竞争非常激烈，但比赛结果却出人意料，一位名不见经传的日本选手夺得了本次邀请赛的冠军。人们不禁好奇，是什么原因使他创造了佳绩？后来他的自传揭开了谜底。原来在比赛之前，他将比赛的线路仔细地观察了一遍，并找出沿途比较醒目的标志物，一一记在心里。例如，第一个标志是一家百货大楼；第二个标志是当地著名的广场，第三个标志是一座红色的房子……就这样一直到比赛的终点位置。他将这些标志当成一个个需要完成的目标。比赛开始后，他奋力跑向第一个目标，到达第一个目标后，又以同样的速度跑向第二个目标，40 多公里的赛程，由于被设立成一个一个具体的目标，所以他很轻松地跑完了，并且取得了骄人的成绩。如果没有设立目标，跑到十几公里就已经疲惫不堪了，再想到前面的路还遥遥无期，是否能坚持下来都成了问题。

这虽然只是一个小故事，但这个故事让我们明白目标的重要性。实际的、切实可行的目标能增加执行者的动力，每一个目标的实现都会带来成就感，同时激励自己，挑战下一个目标。

从时间上讲，目标可分为长期目标、中期目标和短期目标。长期目标是指一年以上，比较远大的目标。中期目标一般是指数月至一年的目标。短期目标是指一个月左右的目标。还有人提出微型目标的概念，微型目标是指一天之内所要完成的目标。目标的实现可以从微型目标做起，把每天的工作做好，把眼前的每一件工作完成好。"小目标"是大目标的重要组成部分，"小目标"完成得不好，大目标就很难如期实现。

游泳运动员傅园慧在 2016 年里约奥运会接受采访时曾说：我的目标是小组赛出线，进入复赛，最终进入决赛，争取在决赛中取得好成绩。最终，在女子 100 米仰泳决赛中，她以 58 秒 76 的成绩并列第三，取得铜牌。她把目标分成三部分，初赛部分，目标是出线，进入复赛；复赛的目标是进入决赛；决赛的目标是取得好成绩。应该说，她很好地实现了自己的目标。

目标的达成往往不是一蹴而就的，要学会分解目标，逐步实施。如果说人生就像一场马拉松，我们就是在实现一个又一个"小目标"的基础上，一路向前。如果你已经有清晰的目标，请继续努力；如果你还没有，不妨现在就给自己设立一个"小目标"吧。

二十一
"5S管理法"，让工作更有条理

5S管理法起源于20世纪50年代的日本。经过丰田公司的倡导和推动，80年代风靡于日本企业界。5S在现场改善、标准化、安全生产和塑造企业形象等方面起到了巨大作用。这种管理方法逐渐被我国的管理界认识，"海尔"等企业率先学习，收到了很好的效果。后来推行的"6S""8S"都是从"5S"衍生出来的。

何谓5S呢？5S即整理（Seirii）、整顿（Seiton）、清扫（Seiso）、清洁（Seiketsu）、素养（Shitsuke），因日语的罗马拼音均以"S"开头，英语也是以"S"开头，所以简称"5S"。

越前行夫在《5S推进法》一书中，对5S的内容进行了言简意赅的解释，他这样总结道：

整理（Seiri）：丢弃不要的物品。

整顿（Seiton）：做到随时能找到想找的物品。

清扫（Seiso）：时常保持整洁。

清洁（Seiketsu）：时常维持整理、清扫、整顿的状态。

素养（Shitsuke）：遵守既定规则。

下面对5S的主要内容逐一介绍。

（一）整理

整理就是丢弃不要的物品。把不要的物品丢弃掉，有价值的物品就凸显出来了。如果物品很多，有价值的物品不容易被发现。整理首先要做的是区分什么是需要的，什么是不需要的，把握"要"与"不要"的基准，对于不需要的物品进行彻底清理，然后确定需要物品放置的位置。整理不仅包括物品的整理，还包括电脑资料的整理。

（二）整顿

整顿就是对需要留下的物品进行科学合理的布置和摆放，对物品进行定位管理，做到摆放有序，有明确标识，方便以最快的速度取得所需之物。避免浪费时间寻找物品，提高工作效率。

◎物品摆放要有固定的地点和区域，以便于寻找，避免因混放而造成差错。

◎物品摆放地点要科学合理。例如，根据物品使用的频率，经常使用的物品应放得近些，偶尔使用或不常使用的物品则应放得远些。

◎物品摆放目视化，摆放不同物品的区域采用不同的色彩和标记加以区别。

◎使用的物品要物归原处，这点非常重要。

总之，对物品包括文件、资料的整顿，要做到不堆积、不混放，有标识。

（三）清扫

清扫就是扫除。清扫要先确定清扫的部位，即基准面。基准面指的是桌子、地板、墙壁、架子、设备、零部件等视线内的一切物品。清除基准面上所有物品的污垢，使之保持干净、整洁的状态。

◎自己使用的物品，如设备、工具等，要自己清扫，不要依赖他人。

◎边清扫边检查。如清扫设备要同设备的点检结合起来，清扫即点检，清扫也是保养。

越前行夫建议先"清扫"再"整顿"，我们大部分企业是先"整顿"再"清扫"，至于按照怎样的顺序因人而异，但第一步必须是"整理工作"。

（四）清洁

清洁就是对以上"3S"成果的维持。将整理、整顿、清扫实施的做法制度化、规范化，认真维护，使其保持最佳状态。清洁不仅指物品要清洁，员工自身也要做到清洁。如服装、仪表要干净整洁。

（五）素养

素养就是遵守规则，是"5S"管理的核心。通过 5S 管理，提高自身修养，养成人人按章操作、依规行事的良好习惯。

李华入职培训时学习了 5S 知识，但只是泛泛地学了一个概念。正式入职以后，公司每周开展 5S 活动，经过实践，逐步掌握了"5S 管理法"。最初按公司要求，每周进行 5S 整理。后来对这套管理方式熟悉了以后，李华有意识地每天进行 5S 整理，基本上 5 分钟之内可以完成。首先是办公环境的整理，包括办公桌上的物品，例如电脑、本子、水笔以及需要归档的资料等，将不需要的丢弃，保持办公桌面和电子文档的整洁有序。在整理的同时按照"方便取用"的原则将办公用品分别摆放，每次使用完毕立即放回原处，这样能够保持办公桌的整洁有序，还能最快地找到需要的物品。再次是个人物品的整理，不需要的一并丢弃。最后进行电子信息的整理，包括电脑桌面、电子文件的归档和邮件的查收和回复等。

"5S 管理法"的实施需要持之以恒，长期坚持，不断地规范自己的日常工作。"5S 管理法"是李华"每日工作清单"上必备的一项工作，每日坚持 5S 整理，已经成为日常工作的一部分。下班时，电脑关机前，整理电子文档；关闭电脑，整理办公周边环境，已经成为日常习惯。

李华认为 5S 整理给自己带来诸多益处。首先，通过 5S 整理，办公环境整洁舒适，使人神清气爽，给自己带来好心情；其次，大大节省了寻找物品、文件及资料的时间，提高了工作效率；最后，最重要的是通过 5S 整理养成了认真对待每一件事情的好习惯。

二十二
学会倾听——"让别人说，别人就会喜欢你"

乔·吉拉德是底特律的一名汽车推销员。在 15 年的销售生涯中，共卖出 13001 辆汽车。被誉为"世界上最伟大的推销员"。他所保持的世界汽车销售纪录：连续 12 年平均每天销售 6 辆车，至今无人能破。

2001 年，乔·吉拉德跻身"汽车名人堂"，这是汽车界的最高荣誉。位列其中的有福特汽车的创办人亨利·福特、法拉利创办人恩佐·法拉利等在汽车制造业享有盛誉的人物，而乔·吉拉德是唯一的一位汽车销售员。

大家或许会问，他的成功秘诀是什么？难道他有什么独门秘籍，或者伶牙俐齿，口才了得？完全不是。实际上他患有严重的口吃，与客户交流时，为了使客户明白他讲的话，总是放慢语速。

那他成功的原因是什么呢？

原因是他掌握了一项重要的技能，这项技能就是——倾听。

他说，当别人说话的时候，你要全神贯注地倾听。你越善于倾听，说话的人越信任你。但太多的人只顾着说。闭嘴，让别人说，让别人说，别人就会开始喜欢你。

倾听是对别人的尊重，尤其新进职场，更要少说多听。

初入职场对工作内容和要求还不太了解。在不了解的情况下，埋头苦修才是正理。多学、多看、多听便于了解工作内容，适应工作环境。不要

"急吼吼"地抢着表达自己的观点，而且对于新人，领导和同事都抱着很大期望，如果你不小心泄露自己的底牌，说的都是外行话，难免会被戴上有色眼镜，对以后的工作不利。另外，作为新人，对人际关系不太了解，也不了解同事的性格，或许有些人比较敏感，你哪句话说错了，引起对方的误会，增加别人对你的反感或者排斥。所以在新环境中，先不要急于表达意见，要学会多观察、多倾听。

（一）领导布置任务时要仔细听

有些小伙伴常常抱怨：我很努力了，怎么领导还骂我执行力差呢？也许并不是你的执行能力差，而是执行的"方向"不正确，"方向"不对，导致"方法"错误。如果从源头上找原因，可能在领导布置工作时，你没有认真地倾听，不清楚工作的重点和要求，导致执行出现偏差。

在上级布置工作时，认真地倾听，适时提问，澄清疑惑，有助于理解工作意图，抓住工作重点，帮助工作高效地进行。在与同事沟通工作事项时，专注地倾听可以避免产生歧义，发生误解，有利于工作顺利地展开。

（二）开会或讨论时要全神贯注地听

开会或进行讨论时，同事发表意见、阐述观点时，要认真倾听。或许同事的某个观点对你有启发和帮助。即使你不赞成对方的观点，认为对方的观点幼稚可笑，也不要打断对方的讲话，更不要立马反驳、嘲笑对方。倾听是对同事的尊重，同时可以掌握更多信息。

（三）与同事交流时要认真地听

认真倾听可以帮你赢得友谊。戴尔·卡耐基曾讲过这样一个故事。有一次他参加一个晚宴，遇到了一位植物学家。他很专注地倾听植物学家介绍外来植物和他们的实验项目，在这期间他几乎没有说过话。晚宴结束，这位植物学家向设晚宴的主人极力称赞卡耐基，说他是"最能鼓舞人心的人"。

倾听是沟通的重要方式。当你细心聆听对方的讲话，表明你对对方的话题或者观点感兴趣，对方就会受到鼓舞。这样可以拉进你们之间的关系，增进彼此的友谊。

职场沟通，请从倾听开始。

二十三
表达的技巧——有话好好说

　　上文提到，初入职场要学会倾听。但少说多听，并不代表不能陈述意见，发表看法，适时地表达也很重要。俗话说："干得好不如说得好"，这句话虽然有些偏颇，但在职场中，"会说话"和会做事同样重要。数据表明，有65%以上的员工因为语言能力问题而迟迟得不到升迁。很多人"默默工作"，不敢发表意见，不善于和领导沟通，甚至害怕与领导沟通，因而错失良机，得不到重用的机会。因此，要学会在恰当的时间、合适的地点，大胆表明自己的态度，说出自己的观点，把自己展示出来，让更多的人了解你。

　　李开复曾任微软公司全球副总裁。他在《做最好的自己》一书中记录了在比尔·盖茨面前发言的经历。

　　有一天，公司要进行改组，比尔·盖茨召集十多人开会，要求每个人轮流发言。李开复当时想，既然一定要讲，那不如把心里话都讲出来。于是，他鼓足勇气说出了自己的观点。他认为公司整天陷在改组"斗争"里，不仅不能提升效率，反而造成内耗，得不偿失。没想到比尔·盖茨接受了他的建议，改变了公司的改组方案，并在与公司副总裁开会时引用了他的话。

　　李开复抓住机会，在会议上勇敢地发表自己的观点，并得到了比尔·盖茨的认同。通过这件事，李开复给比尔·盖茨留下深刻印象，为今后的职业发展打下基础。更重要的是，他从此再也不惧怕当众发言，表达自己观点了。

适时地表达自己非常重要，但如何表达更受欢迎呢？为什么同样的话，有些人说出来别人就爱听，有些人说出来就令人反感呢？表达是需要技巧的。掌握表达技巧，不仅让你成为一个受欢迎的人，还可以使你脱颖而出。

（一）　选择时机

表达要讲究时机。比如，上面提到的会议中，比尔·盖茨要求每个人都发言，李开复把握住这次机会，大胆讲出自己的观点，得到了比尔·盖茨的认同。有些场合千万不要过于"谦虚"，比如公司组织的头脑风暴会议、项目讨论会等。这种时候，要有自己的观点，并勇敢讲出来。不要担心自己的想法不成熟会被别人笑话。"有想法"要比"没想法"好，起码证明你在思考。观点的对与错，可以下来慢慢讨论，但你勇敢地表达出来，对方会感觉到你的坦诚和认真。如果一味当"闷葫芦"，容易给人"没有主见""缺少参与感"的消极印象。所以，要把握时机，展示自己。

（二）　讲究策略

说话不仅要看准时机，还要讲究策略。说的内容很重要，但怎么说更重要。初入职场，对工作流程不熟悉，尽量讲得委婉，给自己留有余地。会议讨论时，对不同的意见不要直接否定，更不要对其他人的观点冷嘲热讽。

另外，表达要清晰，把事情说清楚是表达的基本要求。表达时要语言准确，简单明了，重点突出，言简意赅；不要拖泥带水，东拉西扯，不知所云，使听的人"一头雾水"。这样不仅浪费双方时间，也达不到预期的效果。

（三）事前准备

如果是主题讨论会，要事先做好"功课"。围绕会议主题，设想会提出哪方面的问题，事先做好准备。准备越充分，越不容易紧张，有助于清晰流利的表达。如果你事先毫无准备，抓不住问题的重点，会造成逻辑不清，甚至自相矛盾，沟通就会出现障碍。

（四）善用数据

谈话前收集好有关数据和资料并加以整理，用数据和事实来佐证自己的观点。比起泛泛地陈述，数据更客观，更有说服力。如果不能给出精准数据，要告知大家，不能无中生有，胡乱编造。另外，不要为了显示自己的专业和能力，"秀"一些领导和同事不明白的术语和概念，对方不理解或不能接受，结果适得其反。

同时，要实话实说，不说"大话"，不说"过头话"，不说假话，更不能编造事实。

在表达的方式上，以下几点需要引起注意：

◎态度诚恳。要有话好好说。相同的一句话，说的方式不同就会产生不同的效果。如果想把自己的意思准确传达给对方，就必须使用对方能够接受的方式来表达，否则对方根本不可能接受你的信息。讲话时态度要诚恳，尤其是工作上的讨论，要对事不对人，客观、公正地表达自己的观点。

◎注意情绪。在气愤、焦虑、恐惧等状态下，沟通根本没有意义。此时的沟通是情绪的宣泄，而非意思的传递。当处于消极情绪中，无论谁说，怎么说，说什么，对方都难以听进去，而且处在负面情绪中，容易说"气话、过头话"，伤及同事感情。所以，表达时要注意自己的情绪，讲话要"适度"，哪些话该说，哪些话不该说，不该说的不要说。伤人自尊、侮辱人格的话，永远都不能说。

◎充满自信。有些新人在与领导沟通时，因为紧张或急于表达自己的观点，往往语速很快，急切地希望能得到领导认同，结果越着急越说不清楚。讲话时要语速适中，表情自然，充满自信。要学会急事缓说，表述清晰才能被对方理解和接受，沟通才能更顺畅。

二十四
与上司沟通的原则和技巧

直接上司是最了解你工作状况的人。他知晓你的处事风格，了解你的长处和不足。或许你当时没有发现，但多年以后，你会认识到，上司的一言一行对你会产生很大的影响。他会成为职场中你的第一位导师，你的引路人。与直接上司如何相处甚至会影响你的职位变动和升迁之路。

初入职场，在工作中对你帮助最大的人莫过于你的直接上司了。当你遇到工作中的难题，首先求助的往往也是他。如何与上司进行有效沟通，是每一位职场人都要面临的问题。那么，如何与上司沟通更高效，沟通时需要注意哪些呢？

（一）表达观点，尊重为先

员工与直接上司沟通，通常表现为请示工作、汇报工作进展、提出建议、陈述意见或者请求帮助等。与上级沟通时，首先要秉承支持、尊重和配合的态度。作为下级，应尊重上级，理解和支持上级的工作。

如果自己的观点没有得到上级的认可，或者辛辛苦苦做出的方案没有被上司采纳，这时首先要思考自己的观点或者方案是否严谨周密，待修改完善后再与上级沟通。切忌很固执地"捍卫"自己的观点，与上司发生争执，更不要当面顶撞。

另外，沟通时要主动表达自己的观点和见解，要有自己的主见和原则。尊重不等于吹捧，尊重上司并不是唯唯诺诺，阿谀奉承。

（二）认真倾听，澄清疑问

沟通是双向交流的过程。在表明观点、阐述完自己的意见之后，要给予对方思考的时间。汇报工作或者表达观点后，要认真倾听上司的反馈意见，并进行逻辑分析，真正听懂对方在讲什么。不认真倾听就会错过重要的信息。如果有不清楚或者不明白的问题，要及时提出，进行澄清，直到将问题搞清楚为止。不要想当然，否则会给工作留下隐患。

（三）积极主动，切忌依赖

新员工由于对工作内容和流程不熟悉，与上司沟通最多的是请示工作。遇到不懂的问题或者解决不了的难题，请示工作很有必要，但不要过分依赖和被动地等待。如果担心做错事情，害怕承担责任，事事请示，上级说啥是啥，凡事都要等待上级的指示，这种做法很不妥当，也无益于职业成长。作为员工，职责范围内的工作要积极主动，要学会创造性地工作。

另外，要注意在不同情形下采用不同的沟通方式。在某种情形下适用的沟通方式，可能在另外的情形下就不适用了。重要的事项可以约好时间面对面和上司沟通，紧急事项可以打电话沟通，如果不好当面表述的，可以采用电子邮件的方式。总之，根据需要采取上司容易接受的沟通方式。

对于沟通的内容要掌握三项原则。

◎准确性原则。表达要准确无误，不能无中生有或者隐瞒事实。

◎完整性原则。表达的内容要全面完整，不可以偏概全，或报喜不报忧。

◎及时性原则。沟通要及时、迅速、快捷。要重视工作过程中的沟通。留意自己工作的进度是否和工作整体计划一致，无论是提前还是延迟了，都应该及时向上级沟通，让上级知道目前的工作进展情况，并及时听取上级的意见和建议。

在职场，沟通无处不在。表达愿望、提出建议、请求帮助，都需要沟通来完成。掌握沟通技巧，学会与上司高效沟通，是新入职员工必须学习的功课。

二十五

如何写好一封电子邮件

网络时代，人们的沟通方式变得更加方便和快捷了。以电子邮件为例，以往写书信，可能需要十天半个月才能寄到，而电子邮件却便捷很多，只需短短的几秒钟就可发送给对方。电子邮件除文字信息外，还可以有图片、音频、视频等附件功能，内容丰富，可视性增强。并且不受时间、地域等因素的影响，随时都可以发送。接收者在接到电子邮件后，也可以快速回复，沟通的效率大大提高。

正因为电子邮件具有方便、快捷的特性，所以，在职场中经常使用。电子邮件在使用过程中，有特定的规范和要求。如不了解这些规范和要求，很可能会出"糗"。李华回忆第一次使用工作邮件时的情景说："刚到公司，经理让我发邮件给客户，本来觉得很容易的事情，结果还是出错了，想想真是丢脸！"原来，经理请李华将"项目报告书"发给客户，李华不仅将客户名称写错了，还忘记了发送附件。这件事也成为李华职场中"痛"的回忆。

那么，如何写好一封电子邮件？工作中使用电子邮件有哪些要求？需要注意哪些事项呢？以下三方面会帮你写好一封邮件。

（一）工作中使用邮件的情形

◎正式工作报告。

◎部门之间事务往来。

◎通知。

◎沟通确认和反馈。

◎难以简单用口头表达说明清楚的事项。

（二）邮件的格式

◎邮件标题。邮件一定要注明标题。通常人们会根据标题判断邮件的重要性。标题应尽量阐明与内容相关的主旨大意，如：关于 5 月 21 日会议的回复，让人一看即明了。

◎称呼。邮件抬头称呼对方，以示礼貌，并引起收件人的关注。称呼要适当，注意礼貌用语和行文格式。一般采用"姓+职务"的形式。如果不了解职务，可以使用"先生"或"女士"。

◎邮件正文。正文表达要简单明了，切忌长篇大论，拖沓冗长。每个段落力求简短，信息要完整表达。一封邮件尽可能只针对一个主题，尽量不在同一封邮件内谈及多件事情。字体大小要适中、尽可能统一。正文中应对附件内容做简要说明并提示收件人查看附件，如有多个附件，要特别提醒收件人。如果附件是特殊格式文件，要注明打开方式，以免影响使用。

◎附件。附近数目不宜过多，如果太多，以压缩包的形式发送。附件名称应与正文一致。发送前检查附件是否正确，切忌张冠李戴。

◎结尾签名。结尾签名可以使对方清楚地知道发件人的信息。应包括姓名、职务、公司、电话、传真、地址等，但不宜行数过多。邮件签名是公司品牌形象的组成部分，一般公司的邮件签名（尤其是对外联系的邮件）都有统一的格式设计，只要遵照执行就可以了。

（三）使用邮件的注意事项

◎专业性。邮件中避免使用非相关主题性的言语，切勿讲一些不宜在公众场所对他人讲的话，避免写太多情感的东西。请注意，邮件会被记录并有证可查。

◎内容准确完整。邮件要一次性表达清楚，尽量不要过两分钟之后再发"补充"或者"更正"之类的邮件，避免给收件人带来困扰。

◎发送前确认收信人是否正确。

◎邮件要在第一时间回复。邮件的回复时间根据企业要求而定，一般不超过 24 小时。情绪激动的时候避免回复邮件，以免措辞不理智。

◎对重要沟通事项，在发送邮件后最好以电话提醒对方引起关注，或请对方确认收到邮件。如果重要邮件发出去后石沉大海，请尝试再次提醒对方。

◎不要把内部消息转发给外部人员或者未经授权的接收人。转发敏感或者机密信息要小心谨慎。

◎切忌利用工作的电子邮箱发送私人邮件。

电子邮件作为沟通工具，在职场的使用越来越普遍，邮件的写作和收发是基本技能。要学会简练而准确地描述问题，不同公司的话术和要求可能不尽相同，入职以后遇到需要写邮件的时候，请多多请教前辈，以使自己少走弯路。

第四部分

人际关系与情绪管理——轻松面对职场

二十六
如何理解"社交商"

午餐时间，刚刚荣升"奶爸"的小王兴致勃勃地请同事们欣赏儿子的"满月照"。他乐呵呵地说道："哈哈哈，你们都知道的，我以前不喜欢小孩子。可是，儿子降生我才知道，我喜欢孩子！哈哈哈。"李路望着小王举着的手机照片，看了一眼，漫不经心地"哦"了一声，继续闷头吃饭。他实在瞧不出这个"小婴儿"的可爱。这时坐在旁边的张姐凑上前去，一张张翻看孩子的照片，一边夸道："你家儿子胖嘟嘟的真可爱。这大大的眼睛，真漂亮！哎呀，翘着小脚丫这张最可爱。"小王说："我家儿子可乖呢，不爱哭闹……"小王和张姐热络地聊了起来，李路孤单单地一个人默默地吃着饭……

遇到这种情形，你会怎么做呢？可能你也感觉到了，李路的"社交商"欠费呀。那么"社交商"是什么？"社交商"重要吗？

简单地说，"社交商"就是人际关系管理能力。心理学家爱德华·桑代克于1920年首次提出"社交商"的概念。他认为"社交商"对许多领域的成功都是必不可少的。在职场流行着这样一句话，"智商"决定是否录用，"情商"决定能否升迁，那么"社交商"将影响你在职场内外的生活质量。此话虽有些"片面"，但也说明了人际关系管理的重要性。

美国心理学家丹尼尔·戈尔曼对"社交商"进行了深入的研究，他把社交能力分为两类：社交意识和社交技能。他指出"社交商"已成为衡量我们生存能力的一项基本指标。

当今是一个信息快速更迭的时代，获取信息、分析信息、运用信息的能力对职业发展至关重要。人际交往是接收社会信息，交流信息的重要途径。通过人际交往，人们可以主动传递和交流信息，扩大信息范围，开拓视野，也为更好地利用信息创造条件。

人是社会性动物，大部分时间都是与他人一起度过的。工作时更是如此，建立和谐的人际关系可以促进工作的顺利开展。所以说，人际交往能力是取得事业发展的本领之一。

对新员工来说，良好的人际关系能力可以帮助你快速融入团队，明确自己的角色定位，有利于得到同事和上级的支持，提升工作满意度。人在职场，人际关系处理得当，会感到自在、轻松、有安全感。但实际上自始至终保持"融洽"的人际关系很难达到。工作中难免会有不同的观点，从而产生分歧和矛盾。这就需要我们做出努力，调整自己的态度和行为，掌握人际交往的方法，提高"社交商"。

（一）多微笑，多赞美

初进公司，老员工们热闹地聊天，你插不上话，微笑地倾听是最好的方式。大家议论某位同事的"糗事"，你不便发表意见，微笑沉默是最好的表达。微笑能够最直接地获得对方的好感，不管是已经很熟的同事，还是没见过几次面的陌生同事，微笑是建立和谐人际关系的法宝。

另外，要学会赞美。赞美使对方感到愉悦，可以拉近与同事之间的距离。当听到别人有好消息或受到奖励时，要在第一时间送出你的祝福和称赞。真诚地赞美胜过千言万语。

（二）尊重他人，懂得欣赏

入职的新人有时会和老员工发生"新"与"老"的碰撞。新员工会认为老员工的观点和做法"保守过时"，老员工会认为新员工"冒险激进"。但即使观点不同，也要尊重他人。要学会用欣赏的眼光看待人和事。当你真正去欣赏他人时，会发现你的同事、上级身上都有值得你尊重的闪光之处；懂得欣赏，你的人际关系就会变得和谐顺畅。

（三）学会幽默，独立自信

幽默感是社交的润滑剂，具有幽默感的人显得更为豁达、更讨人喜欢，并且幽默的人往往更加自信。

与同事交往时，要学会独立思考和判断，遇事有主见，不要人云亦云。避免为了维护关系而"唯命是从"，失去自我。独立自信的人更容易取得别人的信任，使别人产生与之交往的意愿。其实融入一个新环境并不难，多沟通、多交流，在工作协作的过程中自然而然就熟悉起来了。

二十七
如何与上司共事——该向上司学什么

　　拿到录用通知你一定对未来的工作充满向往，同时对上司有着许多"憧憬"，希望他温柔和蔼，知人善任，又美又帅，专业一流，但进入现实多半会失望，发现上司并不是你想象中的"超人"。他们大部分普普通通，甚至其貌不扬，有的还啰里啰唆，脾气很臭。与银幕上"职场精英"的形象大相径庭。身在职场，谁没有遇到过"奇葩"上司呢！如果开"吐槽"大会，恐怕十天十夜也说不完吧。

　　新员工李杨起初有点瞧不起他的上司，但有时又觉得上司很"神秘"，他说："我的上司是'软妹子'一枚，平日素面朝天，穿着简单随意，说起话来轻声细语，做事不紧不慢，就是天塌下来也不着急的那种人。既没有女强人的强大气场，也缺乏雷厉风行的工作作风，真不知道她怎么能领导这么大的项目部。如果说优点，她最大的优点是有耐心，不论我们请教她什么问题，她都会停下手头的工作，认真回答。除此之外，真看不出来有多大本事。'没什么了不起吧，只是比我们早上两年班而已哦'，我暗自想。

　　"对她的看法是在工作中慢慢改变的。有一次项目组接到一个棘手的案子，大家在会议室'头脑风暴'，但最终还是理不出头绪。她一直坐在会议室的一角静静地听大家发言。眼看会议陷入僵局，这时她站起来，从头到尾对项目进行梳理，一边梳理一边提问。大家顺着她的思路'走'下去，项目的框架变得清晰起来，大家又七嘴八舌地补充细节，项目的草案渐渐成型了。这时的她看上去既专业又干练，与以往的'柔弱'形象不大一样，让人觉得很'神秘'。"

"对她印象的彻底改观是在入职半年以后，我作为项目小组的成员同她一起参加项目分析会。我们服务的公司是位列世界 500 强的外资公司，对方要求极高，而且很挑剔。进入会议室，看到大 Boss 也在场，我心里不免紧张起来。那天她身穿深色职业套装，走到台前，依旧不慌不忙。先用流利的英文对项目进行介绍和分析，然后一一回答客户的提问，表现得既专业又谦逊。会后，Boss 对她的评价是：不慌张、不急躁、有分寸。直到几年后，我才懂得这个评价的分量。这种场合，既要展示团队的专业性，又要顾及对方的反应，分寸感的把握最难。总之从那一刻起，心里只有佩服。后来我发现，她不仅专业能力一流，在处理员工关系上也同样很有智慧。她对团队的成员很了解，在分配任务时会考虑到成员的个性、特长，尽量使每个人的优势都能发挥出来，所以，在她的团队里工作感觉很舒服。"

其实上司若干年前也是一名"职场小白"，午餐时也会凑在一起"吐槽"领导。现在的他们或许已经是"奶爸""宝妈"。他们走过了你还没经过的路，尝过你不曾体验过的艰辛，承受着你不知道的压力。他们有点唠叨，有点烦人，爱讲自己的"英雄过往"；但他们都有着"过人"之处，或者专业上更精湛，或者管理上更成熟。

初入职场，自身"本钱"不多，与其"吐槽"，不如"偷师学艺"，毕竟本事长在自己身上才踏实。抱着学习的心态，是与上司最佳的相处之道。

向上司学习的地方有很多，列举三方面，仅供参考。

（1）工作态度。上司偶尔也会发几句牢骚，但说归说，做归做，不会因为负面情绪影响工作。在关键时刻或者重大问题上，他们态度积极，坚定地支持和拥护公司的决定，并且执行力强。因为他们更能理解公司的发展方向和战略布局，所以在方向上能和公司保持高度一致。

（2）专业能力。专业能力的提高大部分是在职场多年的"摸爬滚打"中完成的。虽然工作经验和专业能力的高低没有必然联系，但不可否认的是，经验的积累对专业的提升是有好处的，尤其是专业性或者实践性比较强的岗位。工作时细心观察，多沟通，常请教是学习的最佳方式。

（3）个人管理。个人管理包括很多方面。例如，个人时间管理，强调如何分配时间和精力，分清工作的轻重缓急，高效率地完成工作；个人知识管理，是指不断学习和吸收新知识，建立个人的知识体系，并且不断进行补充和完善，提升竞争力；个人行为管理，指培养良好的职业习惯，学会自我激励，增强自律意识，用独有的人格魅力感染和带动周围的人等。个人管理能力是对管理者的一项基本要求。每位上司在这方面都有自己的独特之处，值得我们好好学习。

二十八

如何与同事相处——友谊的小船怎么说翻就翻了

刘畅和张涛是一起入职的同事。张涛负责客户服务工作，刘畅负责为客户提供调研和数据分析。这一天，张涛找到刘畅，为了维系客户关系，请求刘畅修改调研报告的数据。刘畅认为数据是真实可靠的，不能修改。并且坚持认为为客户提供准确的数据，才是真正为客户负责，因此拒绝了张涛的请求。事情发生以后，刘畅明显感觉到张涛开始疏远她了。

入职不久的刘晖说，当时几个同学都是经过"校招"进公司的。虽然不是一个班的，可都是校友。开始大家非常亲密，下班经常一起出去玩，相互说说心里的烦恼。但现在明显感觉越来越疏远了，大家的心好像"隔着一层膜"。总之，不像以前那样无话不谈了。

某招聘网站调查显示，在上海白领中，有20%的人表示自己在职场没有真正的朋友，并且没有与同事成为朋友的意愿。他们认为，职场如战场，同事之间相互竞争不可避免，很难交上知心朋友。

有人说职场不存在真正的友谊，同事关系不像同学那样亲密。很大原因是职场存在竞争关系。相比单纯的同学关系，同事之间相处要复杂得多。

初入职场不仅要与领导和老员工搞好关系，同样面临着如何与同为新员工的同事相处。本来应当是"同一个战壕的战友"，但不知为何"友谊的小船说翻就翻了"。

与普通朋友相比，同事之间存在既竞争又合作的关系，有时还会出现利益冲突。和同期的小伙伴友好相处，也需要掌握一些技巧。

（一）有误会及时澄清

同事相处难免会产生误会，因为误会引起的矛盾如果不及时澄清，可能"疙瘩"越结越大，不如放下面子，找个合适的时间解释清楚。先行一步，打破僵局，修复友谊，这样做还可以掌握主动权。

（二）欣赏而非嫉妒

即使同入职场，难免有些人走得快，有些人走得慢，升职加薪也不能做到人人都有份。本来是一团和气，在利益面前，难免会当"利"不让。遇到"升职加薪"这些问题时，同事关系会变得尤为脆弱。一起入职的小伙伴升职了，心里难免有"酸溜溜"的感觉。遇到这种情况，要保持一颗平常心，不要嫉妒，嫉妒容易使人丧失理智。最佳方式是第一时间送出赞美，或者默默地欣赏也行。

（三）遇到困难要相助

同事在工作中遇到困难，是最考验友谊的时刻。看到伙伴遇到难题，要出手相助。如果自己能力有限，不能提供帮助，也不能袖手旁观，而应积极地鼓励和安慰。切忌幸灾乐祸，落井下石。

（四）"吐槽"要谨慎

小伙伴相互"吐槽"似乎已经成为"时尚"。成为"吐槽"对象也是关系好的表现，毕竟只有好朋友之间才知道对方的"黑历史"，才有"吐槽"的资本。但"吐槽"要注意场合，掌握边界，语言要适度，不能"口不择言"。

（五）不要暴露同事隐私

"祸从口出"，在职场要学会"管住嘴巴"。严守同事秘密是基本素质，特别诸如"薪资福利""职位升迁""调岗跳槽"等比较敏感的事情，不要私下议论。更不能披露同事隐私。另外，注意做人要谨慎，为人真诚并不代表无所保留，尤其是你并不十分了解的同事，切勿把自己的私生活告诉对方。

（六）经济往来越清楚越好

同事之间难免聚会、结伴旅游等，经济上的来往最好采取 AA 制。刚工作不久，收入不高，AA 制可以减轻经济负担，也免得因为"小钱"而伤了和气。

二十九
如何对待冲突——好吧，你赢了

彭立心直口快，平时爱开玩笑，是销售部的"开心宝"。别看他入职时间不长，工作业绩增长很快，被誉为公司的"潜力股"。平时他嘴巴甜，人缘好，很招人喜欢。这天正准备召开月度销售会议，大家都在会议室等待开会。小王推门走了进来。彭立看着睡眼惺忪的小王，就开上了玩笑。"又熬夜了？刚荣升'奶爸'，就一副油腻中年男的模样，为了奶粉钱，你也是够拼啊！……"看上去无关痛痒的几句话，没想到小王一下"爆发"了。"怎么就你话多。告诉你，我忍你很久了。上次客户见面，你在现场大肆炫耀，好像天底下就你能干似的。没大没小！"彭立一下子"懵"了，回过神来，马上回击，两人你一言我一语地吵了起来……原来小王最近家里操心事不少，影响了工作绩效，领导刚刚找他谈过话。彭立不知就里，正好撞在"枪口"上。

表面上看，冲突是由于彭立的几句玩笑话引起的，但深层次的原因是作为入职时间不长的新员工——彭立，得到了大家的喜爱，业绩越来越突出，相反，身为老员工的小王却业绩下滑。面对日益进步的新员工，老员工感觉受到了威胁，这才是冲突的真正原因。

新老员工之间因为经历、处事风格、价值观和工作观的不同产生冲突在所难免。年龄相近的新老员工较年龄相差较多的员工更易发生冲突。

"如何对待和解决冲突"最考验新员工的智慧，在处理冲突时需要掌握两个原则：

（一）不要情绪化

在面对冲突的时候一定要保持冷静，愤怒解决不了任何问题，只能使问题更加糟糕。人们在情绪激烈的时候，往往会失去理智。首先要把事实和情绪分开，分清楚哪些是事实，哪些是情绪。然后理智地思考引起冲突的原因，这样做更有助于解决问题。

（二）换位思考

冲突发生后要试着换位思考。当你觉得受到了委屈或者伤害，也试着考虑一下对方的感受。换位思考有助于体察对方的感受，这对冲突的解决会有帮助。

总之，先冷静下来，找到发生冲突的真实原因，思考一下自己有哪些方面做得欠妥，再考虑解决冲突的办法。

处理冲突的方式有两种——积极的解决方式和消极的解决方式，两种解决方式各有其特点。

以积极的方式对待冲突：

◎主动协商。冲突的一方主动提出和解，向对方阐述自己的观点，获得理解，双方都做出让步，达成谅解。协商是解决冲突的最佳方式。

◎借助外力。冲突的当事人不好直接面对对方时可以请"调解人"进行调解。调解人最好是双方信任的人员。他将双方的观点传达给对方，双方知晓后，各退一步，达成和解。这是比较常用的处理冲突的方式。

以消极的方式对待冲突：

◎妥协。有些小冲突，当事人觉得没必要计较，妥协是最佳的解决方式。"好吧，你赢了"——握手言和是为上策。无论是和上司还是老员工，发生冲突后，新员工主动"言和"也是解决冲突的一种策略。

◎回避。冲突发生后采取回避的态度，避而不谈，让情绪自然淡化。我们常说的"交给时间去解决吧"，也不失为一种解决之道。

积极的解决方式对处理冲突有好处，但不是万能的。有时采取妥协和回避的方式反而更合适。这要根据双方的具体情况加以判断。

如果因为原则性问题发生的冲突，或者你感觉受到了冒犯，不要一味忍让。可以向上司如实报告，请他协助解决。如果在他的权力范围内不能解决，或者你认为他解决的方式"不公"，有"偏袒"一方的嫌疑，可以上报公司相关部门，请公司出面解决。

冲突最糟糕的处理方式是伺机报复。采取报复的方式不但不能解决冲突，极有可能使得矛盾升级，伤人害己，甚至造成不可收拾的局面。此种方式最不可取。还有一些新员工采取离职的方式，"惹不起还躲不起吗？"干脆一走了之。"逃避"不是最佳方式。即使离开，问题还是没有解决，在你心里这个"阴影"会一直存在。况且重新进入职场，还会面临职场冲突的问题，冲突带有普遍性，并不是某个单位独有的。如果再次遇到冲突怎么办？还是一走了之吗？即便不得不离开，也是在解决问题之后，选择恰当的时机离开。所以，最重要的是学着面对冲突和找到解决冲突的方法。

三十
职场"八卦"的是与非

沟通渠道分为正式和非正式两种。正式沟通是通过官方正式发布的信息，是真实、公开、透明的；非正式沟通的内容是非官方的，传播渠道灵活随意，往往带有强烈的感情色彩，信息的真实性不确定。职场"八卦"就属于非正式沟通的信息。

心理学家认为"八卦"是人性根深蒂固的一部分，有人的地方就有"八卦"，工作场所亦然。职场"八卦"最常议论的话题有办公室恋情、职务升迁、薪酬福利、业绩考核等。这些内容是员工最关心的，又是从正式沟通渠道很难掌握的，自然成为人们议论的焦点话题。"八卦"消息的传播速度非常快，好消息传播得快，坏消息传播得更快。

为什么人们热衷聊"八卦"呢？

◎天生的好奇心。多数人是受好奇心的驱使，人们往往对于未知的事物充满兴趣。

◎管不住嘴巴。有些人思维简单，缺少独立思考的能力，人云亦云；或者口无遮拦，心里藏不住事。

◎希望找到存在感。有些人爱打听"小道消息"是担心被孤立，希望在办公室"八卦"中找到存在感，获取安全感。

◎显示影响力。有些人被称为"知道分子"，公司的事情无所不知，人们也愿意从他们那里打探消息。他们通过这种方式使自己时刻处于舆论中心，以消息灵通显示自己在公司的影响力。

公司的茶水间、更衣间、吸烟区、洗手间是传播"八卦"的集中区域，或者通过电子邮件、QQ、微信等聊天工具传播"八卦"消息。据统计，年轻的员工对"八卦"消息更感兴趣，更热衷于传播"八卦"消息。与其相比，中年以上的员工，对"八卦"消息会进行理智分析，而且不容易传播"八卦"消息。

公司管理者一般不支持传播"八卦"消息。"八卦"产生的负面影响不容忽视，总结下来有下面几条：

◎闲聊"八卦"浪费时间，自然会影响工作，降低工作效率。

◎"八卦"内容常常涉及隐私，不利于同事之间的团结。

◎"八卦"真实性待考。人云亦云，造成恐慌。

◎"八卦"有可能无意中泄露公司机密。

但理智分析，"八卦"并不是一无是处。调查表明，正面"八卦"往往多于负面"八卦"，在"八卦"中有72%的内容都是同时包括正面和负面的信息。

作为新员工对"八卦"应持什么样的态度，提出三条建议，可供参考。

（一）适度参与，可以帮助更快融入团队

试想某位职场前辈，给你讲了一段鲜为人知的"八卦"，你会有"他不把我当外人"的亲切感，瞬间拉近了彼此的距离。无伤大雅的"八卦"成为同事感情的"润滑剂"，可以增强认同感。有人认为"八卦"是新员工融入公司社交网络的敲门砖，可以帮助新员工和大家打成一片，早日适应新环境，避免被排斥、被孤立。

（二）尽量聊一些 "安全八卦"

"这月奖金知道'老大'拿了多少吗？这个数！不过他也不容易，几乎天天加班。而且××公司的大单子，也是他拼了命拿下来的！"

"这次季度最佳新员工听说陈立入选了，到时让他请客！不过，陈立的确很拼呀，昨天又加班到晚上 10 点。"

"这次团建地点定了，知道吗？是乌镇。我刚刚听行政部小刘说的，她们开始预订酒店了。"

大量"八卦"事实上不会对人造成伤害，有些还对人、对事有所褒扬。当你聊"八卦"的时候，多聊这些"安全八卦"，传播正面信息，还可以帮助你建立良好形象。

（三）对负面消息敬而远之，坚决不传播

对涉及公司机密，恶意中伤和人身攻击，涉及个人隐私的言论不要传播，如果听到有人议论，也不要参与其中。

三十一
做情绪的主人——避免"情绪炸弹"

1995 年，美国哈佛大学心理学教授丹尼尔·戈尔曼对情商理论进行了系统的研究，出版了《情商》一书，由此，情商的概念被广泛传播和接受。情商就是情绪管理能力，情商的高低不仅影响个人生活，对身在职场的人也有显著影响。清华大学吴维库教授在《情商》中译本的导读中说：智商高，情商也高的人，春风得意；智商不高，情商高的人，贵人相助；智商高，情商不高的人，怀才不遇；智商不高，情商也不高的人，一事无成。有人总结说，一个人的成功遵循 20/80 法则，即 20%取决于智商，80%由其他因素决定，其中重要的是情商。

2008 年第 9 期《中华实用医药》杂志曾发表文章讨论护士的情绪与护理质量的关系，文中提到：研究结果显示，护士情绪稳定时对静脉穿刺效果明显好于不稳定时。情绪稳定时穿刺的一次成功率为 91.7%，情绪不稳定时穿刺的一次成功率为 68.3%。从中可以看出护士的情绪与护理质量有着密切的关系，表明情绪管理的重要性。

另一项研究是情绪对工作绩效产生的影响。2008 年第 2 期《中国人力资源开发》杂志上刊发了一篇研究文章。研究的对象是来自一家外资电信类企业的 287 名员工，年龄为 20~45 岁。研究表明，情商高的员工能够获得较高的工作绩效，他们完成任务和处理人际关系的能力更强。他们会明智地利用情绪,使决策更加准确;在与人合作时,能够为他人考虑,从而可以建立广泛的合作关系;情商高的员工更具备同理心,他们可以感同身受地理解客户的需求,能够站在客户的角度考虑问题,为客户解决难题。当他们遇到客户投诉时,能够控制自己的情绪,积极地面对困难,相比情商低的员工,更容易获得客户的满意和信任。从"情绪智力对工作绩效的影响"研究可以看出,情绪对工作有直接的影响。情绪智力高的员工,绩效水平更高、更容易赢得客户满意,处理人际关系的能力更胜一筹。

情商高的人看问题更加客观,处理问题时更加理性,尤其在遇到挫折的时候,比较容易从失败的阴影中摆脱出来,总结教训,冷静面对,重新出发。因此,情商高的人往往更容易取得事业上的成功。

既然情商如此重要,那么如何提高情商呢?

情绪的发生是很自然的事情,愉悦、悲伤、兴奋、沮丧,这些都是正常的表现,情绪本身没有好坏之分。情商的高低是从自我觉察开始的,首先察觉到自己的情绪,进而接纳自己的情绪。自我察觉可以帮助我们迅速化解不好的情绪,是我们进行情绪管理非常重要的一步。

了解自己的情绪以后,要学会调节和控制自己的情绪。对情绪的处理有两种方式:被动处理,任由情绪蔓延;主动处理,使自己的情绪受控。我们先看下面的案例:

A 和 B 因为工作分歧产生矛盾,继而发生争吵。经理把两人带到办公室询问事情原委。A 开始陈述事情经过,越说越激动,说到一半哭了起来,无法再讲下去。经理请 B 来陈述。B 尽管很激动,但他尽量克制自己的情绪,如实地说明两人产生分歧的原因,并详细地阐述了自己对工作的看法。

A 因为不能控制自己的激动情绪,自己的想法不能完全地表达出来,造成沟通失败；B 则相对理智地控制了自己的情绪，完整地表达了自己的想法。

我们先不考虑孰是孰非，在这次沟通中，显然 B 更具优势。

A 属于被动处理情绪的人，他们常常不能控制自己的情绪，也不能对自己的情绪进行理智的判断，如遇到不顺心的事情，就唉声叹气，无精打采，怨天怨地。他们中的某些人事后会觉察到自己的做法不妥当，为自己的行为感到懊悔，但遇到同样的事情还是不能控制自己的情绪，又采取和以前一样的行为模式。另外一些人则根本觉察不到自己的做法不对，所以很难加以改正。

主动处理情绪的人，可以根据场合调整和控制自己的情绪。在遇到外界刺激之后，并不是马上做出回应，而是有意识地告诉自己要冷静，对发生的事情进行理智的判断和思考，考虑该如何处理眼前的事情，然后做出反应。例如 B，虽然和同事发生分歧，但能够冷静处理。

当然，我们不主张过度压抑自己情绪。情绪管理是体察自己的情绪，适时地表达情绪。适时地表达情绪有助于我们有效地处理情绪，过度压抑和节制情绪反而带来更坏的结果。

美国密歇根大学心理学家南迪·内森的一项研究发现，一般人的一生平均有十分之三的时间处于情绪不佳的状态，因此，人们常常需要与消极情绪做斗争。

情商和智商不同，情商可以通过后天习得。所以，我们要学会了解自己的情绪，诚实面对自己的情绪。要做情绪的主人，不被情绪所左右，学会控制自己的极端情绪，避免"情绪炸弹"扰乱我们的工作和生活。

三十二

注意，你的"坏"情绪会传染

心理学上著名的"踢猫效应"是这样说的。一位父亲在公司受到了上司的批评，回到家对正在沙发上玩耍的孩子臭骂了一顿。孩子莫名挨骂，心里窝火，就朝身边打滚的猫狠狠踹了一脚。猫逃到街上，正好一辆汽车开过来，司机赶紧避让，却把路边的孩子撞伤了。"踢猫效应"，描绘的是一种典型的"坏"情绪的传染。

这种情况在工作中也会发生，我们试想一下：某公司市场部经理早晨开车上班途中，不小心违规驾驶被警察开了罚单，心情糟透了，来到办公室后，还为罚单的事情气恼。这时小李前来请示"五·一节大型促销方案"事宜，经理很不耐烦，对方案"挑三挑四"，让小李拿回去修改。小李情绪低落地回到座位，对着方案，唉声叹气。这时新员工小王向小李请示"促销方案"的物料准备工作，因为这部分工作是由他负责的。满肚子怨气的小李正无处发泄，就批评了小王几句，无端挨批的小王满腹委屈的回到座位，无心工作……

人的不满情绪和糟糕心情，一般会沿着等级和强弱的社会关系链条依次传递，由金字塔尖一直扩散到最低层。当一个人的情绪变坏时，潜意识会驱使他选择下属或无法还击的弱者发泄。受到上司或者强者情绪攻击的人又会去寻找自己的出气筒，这样就会形成一条清晰的愤怒传递链条，最终的承受者是最弱小的群体，也是受气最多的群体。

从上述"踢猫"发生的起因来看，首先是经理的责任，因为经理没有调整好自己的情绪，将自己的负面情绪带到工作当中，并将这种负面情绪"传染"给下属。下属"接收"了这种"坏"情绪，满怀怨气，又将"坏"情绪传染给新员工小王，影响了小王的工作热情。在职场，新员工常常是那个最弱小的"猫"，成为最终的承受者。

如何避免坏情绪的传染，受了委屈的"猫"应该怎么办呢？

（一）接受事实

事情既然发生了，在无可避免的情况下，先学会接受事实，面对问题。也可以尝试换位思考。"挨批"的新员工小王心想："小李在平日里工作认真，考虑问题细致周全，为人低调可亲，从没见他'训'过别人。也许是这次促销活动时间紧，压力太大导致心情不好吧。"学会换位思考，体会他人工作的辛苦，这样就容易释然了。况且不可能有绝对的公平，凡事亦不会尽如人意，这样想，心胸自然豁达开朗。

（二）释放情绪

被踢的"猫"——小王走到窗边，深呼吸几次，放松一下心情；也可以到茶水间给自己倒杯茶，冷静一下；或者跟自己的好朋友倾诉一番，得到朋友的宽慰。学会释放情绪，不要压抑自己，让自己在糟糕的情绪中出不来，切忌终日沉浸在"委屈"之中而无法自拔。情绪得到宣泄，人自然就轻松下来了。

（三）勿将"坏"情绪传染给他人

经理收到罚单，心里不爽，将满肚子怨气发泄给小李；小李在受到经理的批评之后，心里面很不舒服，找到小王发泄心中的怨气，这样做不仅于事无补，反而给其他人造成困扰，容易引发更大的矛盾。在受到"负面"情绪的困扰时，要采取适当的方式宣泄情绪，但不要伤害他人，不要将自己的"坏"情绪传染给他人。

现代职场竞争激烈，人们很容易紧张焦虑，这种紧张很容易导致人们情绪的不稳定，一点小事就会使自己烦恼、愤怒起来，如果不能及时调整就会身不由己地加入到"踢猫"的队伍当中——被别人"踢"或去"踢"别人。

在工作中要学会将个人情绪和工作本身分开，不随意迁怒于他人，勿将负面情绪带入工作中或传导给他人。特别是在受到来自各方面的影响时仍能保持平和的心态，面对复杂、突发状况要学会从容不迫，冷静面对。

三十三
如何应对职场压力

职场压力困扰着很多人，特别是职场新人，工作本身、环境的变化以及人际关系都是产生压力的根源。身在职场，压力如影随形，无处不在，如何应对压力成为我们每个人需要面对的问题。

（一）不要拒绝压力

压力是工作和生活的一部分。没有任何一件工作是能够轻轻松松完成的，工作意味着责任，有责任就会有压力。欲成就大事者必承受压力，成就越大，承受的压力越大。压力可以说是进步的"副产品"，如果一味追求"舒适"，逃避压力，也意味着逃避成长和进步。

压力具有两面性，适当的压力能够刺激人的身体和头脑，使人感到精力充沛，增强自信心。戈尔曼·丹尼尔认为，压力会随着挑战的变化而变化，压力非常小的时候，人们会产生厌倦或者漠不关心的心态。如果压力能够保持可控的水平，会激励你在较长的时间里做出高质量、高绩效的工作。接受压力并很好地驾驭压力能促使你发现自己的能力，让你变得更自信，也更愿意冲击下一个更高的目标。所以，不要拒绝压力，要学会以积极的态度面对压力，懂得如何转化压力，从被动接受到主动承担，将压力变成动力。

（二）找到压力源，有助于缓解压力

解决压力的办法之一是找到压力源。了解产生压力的原因，"对症下药"有助于缓解压力。

王帆最近总是失眠，精神状态很不好，工作绩效不断下滑，这更加重了她的焦虑情绪，而且她还发现，自己最近脱发严重。有一天早晨醒来，她看着枕头上的掉发和自己的黑眼圈，终于决定要改变一下了。她静下心来，仔细回想最近的工作，想着到底哪里出了问题。

原来，和她一起入职的同事，得到了独立负责项目的机会，而她还在做着辅助性的工作。她认为，自己也完全有能力独立开展项目了。但她的想法只是闷在心里，未与上司交流。她希望上司看到自己的能力，主动给自己提供机会。另外，她很害怕自己被同伴落下。这是导致她失眠、焦虑的主要原因。

后来，王帆主动和上司沟通，把自己的想法和近期的状况与上司进行了深度的交流。王帆认为这次交流对她影响很大。上司认为她工作认真勤奋，进步很快，但工作的主动性稍显不足，特别是在与客户沟通时，缺乏自信。本来这次项目主管她也是候选人之一，但另外一位候选人得知消息，主动发邮件给上司，不仅表达对项目的信心，还对项目进行了详尽的分析，显然提前做好了功课。他的积极主动，给公司留下好印象。综合考虑，公司决定让那个人担任项目主管。

其实这些情况，王帆自己已经意识到了，但听上司讲出来，对她来说还是非常震撼。通过与上司交流，工作思路清晰了，她感到轻松了不少，压力也随之减轻了。

（三）尝试让自己放松下来

在工作中，如果压力过大，超出人们的承受能力，就会丧失工作的兴趣和热情。如当工作的难度超出我们能力可以控制的范围之后，持续的高压会令我们的情绪低落、失望、沮丧甚至崩溃。这种情绪会传导给周围的人，比如对同事看不顺眼，对事情吹毛求疵等，最终导致人际关系紧张和工作效率低下。

当感到工作压力过大时，要尝试着让自己放松下来，选择适合自己的方式释放压力，合理、适度地宣泄压力，不要掉进压力的"陷阱"。减压方式有很多，比如运动、旅游、看电影、K 歌，或者找好朋友倾诉一番等。每个人释放压力的方式不尽相同，还是选择适合自己的、积极的方式为好。

总之，职场压力方方面面，学会承担，不要逃避；当压力过大或者持续高压时，要选择适当的方法缓解压力，使自己松弛下来。

第五部分
职业礼仪——塑造个人形象

三十四

办公室礼仪，你应该知道的 20 件事

新进职场，一言一行都要特别注意。平日领导和同事们忙于工作，可能并没有时间"观察"你，但以多年积攒的经验，只要"瞄"上几眼，就能对你做出大致判断。这就要求你的行为要符合你的身份——记住，你已经告别学生时代，成为了一名职业人。职场中有特定的行为准则，身为职业人士要遵照执行。那么，追求个性，我行我素可不可以呢？生活中可以，在职场中最好不要"妄为"。

办公室是人们工作、交流的重要场所，掌握办公室礼仪可以有效地展示一个人的风度和魅力，体现学识和修养，帮助你塑造良好的职业形象。

（1）上班遇到同事要打招呼，问候"早上好"，下班前要与同事道别。公司内与同事相遇应点头行礼表示致意。

（2）请同事帮忙，要说"请"，事后要说"谢谢"。在得到同事和领导帮助，获得支持和肯定时，要说声"谢谢"表达感谢之情。

（3）在工作中给他人带来不便，或妨碍、打扰了对方，应说声"抱歉"或"对不起"表示歉意，以求得到对方的谅解。

（4）要注意仪容仪表。面部要清爽干净。应每天仔细清洁面部，保持面部洁净。平时要注意口腔卫生，避免口腔异味。

（5）做好头发的护理。头发要求干净整洁，梳理整齐；发型款式美观

大方，选择适合自己脸型的发型，注意扬长避短。

（6）化妆宜淡雅。女士清雅淡妆给人自信、干练的职业形象。切忌浓妆艳抹，留有过多的人工修饰痕迹。除特殊情况外，不要在工作场所化妆；工作场合或者社交场合，不要"点评"别人的妆容。

（7）职业场合不宜使用味道过于浓烈或怪异的香水；有特殊要求的岗位不宜使用香水。

（8）服装要与环境协调，干净整洁，端庄大气。在办公室穿着正装有时给人过于严肃的感觉，可以适当穿的时尚、活泼一些，但注意要符合公司规定。

（9）举止要大方得体。站立要头正体直，挺胸收腹，重心上拔。不可有弯腰驼背，松松垮垮之态。

（10）坐姿要端庄，轻松自然，不可倚靠或仰靠后背；落座时声音要轻，动作要缓；离座要稳，不要太"急"或太"冲"，并注意把椅子轻轻放回原位。切忌两膝盖分开，尤其女性要注意。

（11）走路时要挺胸收腹，腰背挺拔。步伐要干净利落，有节奏感。不要左摇右晃，低头塌肩；更不可"拖泥带水"，拖拖沓沓地抬不起脚来。

（12）与人交谈时，目光要注视对方。倾听时，要迎合对方的目光，使对方更有兴趣继续讲下去。

（13）手势的使用要自然协调，避免不良手势。不要用手指点别人，对别人指指点点是很不礼貌的行为。切忌使用低级下流的手势。

（14）递送物品时要双手递送，不方便双手递送时，以右手递送，以左手递送或接取物品是失礼行为。接取物品时应目视对方，而不是一味地只注视物品。必要时，为了表达恭敬和谢意，要起立接取。

（15）个人办公区域要保持干净整洁，非办公用品不外露，桌面物品摆放整齐。当有事离开自己的办公座位时，应将座椅推回办公桌内。下班离开办公室前，关闭所用机器的电源，将办公物品归位，贵重物品和重要文件应妥善保管。

（16）打电话和接听电话时，话语声音要适中，勿打扰到其他同事。工作时间尽量不要接、打私人电话，如遇紧急事项，接、打私人电话请离开办公区域。

（17）走通道、走廊时要放轻脚步。不能一边走一边大声讲话；在通道、走廊里遇到上司或客户要礼让，不要抢行。

（18）在征得许可前不可随便使用他人的物品。借东西要还，并表示感谢。

（19）不翻看不属于自己负责范围内的资料及保密信息。

（20）不要谈论同事隐私，不得在办公室传播流言蜚语或不实信息。

三十五
着装礼仪——你就是你所穿的

据媒体报道，上海虹口法院审理了这样一起听上去十分"奇葩"的劳动纠纷案件。金先生由于不顾公司规定穿着短裤上班，多次受到处罚。最终，公司解除了金先生的劳动合同，金先生遂将公司告上法庭。原告金先生认为：工作期间穿短裤不足以认定为《劳动法》第二十五条的严重违反劳动纪律，解除劳动合同程序不合法。为此，金先生向法院起诉，要求用工单位支付报酬以及各项赔偿金，共计2500余元。而在公司看来，入职前公司就曾告知过金先生相关规定，如：女员工禁止穿超短裙，男员工禁止穿短裤和拖鞋上班等，而且全体员工都在文件上签字确认过。原告工作期间身穿短裤次数达到3次，符合公司劳动纪律与解除合同的条件。法庭将择期做出一审判决。

法院如何判决尚不知晓，但公司对员工着装都有着明确的规定。

西方有句谚语："你就是你所穿的！"一个人的服饰可以传递出丰富的信息。服饰能显示出一个人的职业、气质、爱好、文化修养等。在工作场所和社交场合，应掌握和遵循基本的礼仪规范。

（一）工作场所穿着规范

办公室工作的员工在着装方面要遵守公司规定，对服装的整体要求是整齐、清洁、得体。

◎遵守公司规定。不同行业的员工在着装方面有着很大的差异。如银行、证券、保险等行业，工作时一般穿着职业正装；生产制造企业穿着统一的工作服；互联网行业着装比较休闲、随意；广告、设计等行业着装前卫，从着装上就能看出不同职业的特点。但不论什么行业，每家公司在着装方面都会提出一些具体的要求，只是有的企业要求严格一些，有的要求相对宽松而已。不要效仿上文提到的金先生，在公司明令禁止的情况下，依然穿着短裤上班而被公司辞退。作为员工要遵守规则，穿衣要符合最基本的着装规范。

◎整齐。服装要整齐合身，袖长至手腕，裤长至脚面，裙长过膝盖，内衣不能外露；衣裤完好，无掉扣、无残破。如有工号牌要佩戴在左胸正上方。服装整齐完好是着装的最基本要求。

◎洁净。衣服要清洗勤换，保持干净，做到无斑点、无油渍、无异味，尤其领口与袖口处要保持干净。衣裤要平整不皱，做到上衣平整、裤线笔挺。服装洁净并不仅仅为了自己，更表现出对他人的尊重。

◎得体。衣服款式简单大方，剪裁合体。不要穿着过于肥大或者太紧身的服装，女性不要穿着低胸、过露、过短的服装。工作场合不是张扬个性的地方，不必追求名牌，不要紧追时髦。穿着要得体、舒适，与工作环境协调，并且符合职业身份。

◎配饰。配饰要简约，不要佩戴过于夸张的配饰。配饰不必太多，最好与整体服饰相协调。

◎鞋袜。做到干净，无污渍、无异味。

（二）商务场合穿着规范

商务场合着装的 TOP 原则是国际较为通用的原则。TOP 是三个英语单词的缩写。T（Time）指的是时间、年龄、季节和时代；O（Occasion）指的是目的、目标和对象；P（Place）指的是场所和职业。TOP原则即指着装应兼顾时间、地点和场合。

◎时间原则。时间原则包括三方面，即一天中的不同时段、一年中季节的不同和不同时代的差异。白天工作时，穿着需符合职业身份，以职业装或者简单、大方的服装为宜；晚上出席晚宴，服装的选择要与晚宴气氛协调，男士穿着深色西服或者中山装，女士首选裙装，其次是裤装，穿着要高雅端庄，并稍加修饰，可以佩戴首饰、丝巾等加以装饰；还有就是根据一年中四季的变化，服装要进行调整；另外要考虑时代性，虽然不主张紧追时髦，但也要与时代同步。

◎场合原则。衣着要与场合协调。商务会谈、出席正式的会议，衣着应端庄考究。如出席鸡尾酒会，女士应穿着长裙晚礼服或中式旗袍，穿上高跟鞋；如休闲场合，如与朋友小聚，着装轻便舒适即可。试想，如果朋友们轻松随意地郊游，你却穿着严肃古板的正装，就显得很不协调；如果是参加酒会，大家打扮得端庄高雅，唯独你穿着随意，气氛会很尴尬，也是对主办方的不尊重。

◎地点原则。着装要讲究地点。如拜访客户，要穿着符合职业身份的服装，既是对客户的尊重，也显示自己的专业性；陪同客户打高尔夫球，要换上专业的高尔夫球服；在家招待客人，着装可轻松随意。

有人说：服装会说话。穿着在工作中确实发挥着举足轻重的作用。工作中个人的形象是公司产品和可信度最有力的说明书。有经验表明，穿着整洁、规范的销售人员，比穿着不讲究的销售人员业绩更为突出。"品衣识人"，在职场，服饰代表着自己的职业身份和公司的形象。总之，服饰要大方得体，穿出自信，穿出风采，千万不要让你的职业生涯输在着装上。

三十六

初入职场，怎样称呼同事才合适

据媒体报道，某社会调查中心对 1972 名职场人士的调查显示，75.9%的职场新人有过"不知如何称呼前辈"的困扰。

称呼也叫称谓，是指在日常交往中，人们彼此之间使用的称谓语。在人际交往中，恰当的称呼，是一种礼貌的表现。

（一）工作中较为正式的称呼

工作中正式的称呼通常在会议、商务、谈判等正式场合使用。正式称呼有一定的规范要求，一般在职务或职称前加上姓氏，或者加上名字的全称。下面介绍四种比较正式的称呼。

◎职务称呼。就是用所担任的职务作为称呼，如：赵经理、王总监等。职务称呼在工作中普遍使用，新人进入单位，用职务称呼上司最得体。

◎职称称呼。对拥有中高级技术职称者，一般以职称相称，例如"李辉教授""张工程师"等。

◎学衔称呼。在强调知识的场合通常适用。学衔型称呼可增强被称呼者的权威性，例如"李博士""黄研究员"等。

◎职业称呼。以其从事的职业作为称呼，例如"王老师""赵会计"等。

（二）行业或者企业性质不同，称呼有差异

不同行业之间称呼也存在差异。在学术或者文化气息比较浓厚的单位，如报社、出版社、媒体、咨询公司等，一般用"老师"称呼较多；在科技型的单位，一般使用"职称"称呼，因为工程师比较多，一般会在姓的后面加上"工"，称呼"王工""肖工"等；在国有企业，更注重"职务"称呼，如处长、主任、部长等。国企重视"传帮带"，"师傅"这一称呼用得比较多；互联网企业环境相对宽松，人们的称呼相对随意，直呼其名也不以为意。欧美的全外资企业，员工会有一个英文名，一般都是称呼英文名；日韩企业比较严谨，等级观念较强，一般使用"职位"称呼，或叫"前辈"。

有些企业对前辈称呼"某哥某姐"，这是企业"家文化"的一种表现。新员工为了快速融入，增加亲近感，也多会使用这些"亲密"的称呼。但需要注意的是，如果有了一些接触，这样称呼不为过，如果还很生疏，没有任何接触，直接称呼"哥""姐"，似乎有些唐突。不如在称呼之前先征询一下当事人的意见。比如请教完问题之后，问一句："以后我就叫你王哥啦！"对方应允，这样显得更自然。

（三）使用称呼时的注意事项

◎入乡随俗。称呼的使用跟企业文化有很大关系，每个企业有所不同。要入乡随俗，先观察，看别人怎么称呼，慢慢就熟悉了。

◎就高不就低。新员工小王请技术部门的人员帮忙调试设备。调试完毕，他很有礼貌地说："谢谢你，刘师傅。"不想"刘师傅"虽没有说什么，但面露不悦之色。后来才知道，在公司大家称呼技术部的人员为"技术员"。喊他"师傅"，他会认为是"小瞧他"。称呼在某种程度上是身份和

社会地位的象征，是一种"身份识别"。每个人都希望得到别人的尊重，称呼别人时，要遵循"就高不就低"的原则。

◎亲疏有间。称呼可以体现亲疏程度。有些同事称呼领导"老大""头儿"，而领导欣然受之，但并不表明你也可以这样称呼。这样称呼的人只有那些"共过生死"的老员工才可以。这种情况在民企居多，老员工跟着老板打拼多年，一起见证企业成长，感情自然不一般。新员工还是乖乖地称呼"老总"比较妥当。

◎勿使用错误称呼。不要因疏忽而使用错误的称呼，如念错被称呼者的姓名，或对被称呼者的职位、职称等做出错误判断，产生误会。

◎礼貌为上。不管称呼什么，一定要真诚，要带着尊敬的口吻称呼别人，不能语气轻佻或态度傲慢。要注意不使用庸俗低级的称呼；不使用绰号性的称呼，尤其不可使用带有侮辱性质的绰号称呼。

三十七
职场打招呼，学会不吃亏

同事见面"打招呼"是基本的职场礼仪，通过"打招呼"可以增进同事之间的感情，使沟通交流更加顺畅。但很多人并不重视打招呼，忽略了打招呼的作用，认为打招呼是"小事"，是"小节"，其实我们完全可以通过日常打招呼展示个人的魅力，使自己更加吸引人。

（一）打招呼的原则

◎主动。见面打招呼不必在意谁先谁后，无论什么场合，先开口打招呼，方显得热情主动。平时要养成主动打招呼的习惯，主动打招呼并不说明自己"低人一等"，恰恰是拥有宽大胸怀和积极自信的表现。打招呼不分尊卑长幼，一视同仁，只要照面就打招呼。如果见到领导主动打招呼，遇到同事就"视而不见"，难免让人觉得"势利眼"。特别注意领导和同事都在场，如果你只和领导打招呼而忽略同事的存在，会令对方感觉不舒服。一般情况下，先和领导打过招呼再和同事打招呼。如："李总好。小王你好。"或"李总好。大家好。"也可以问候领导"李总好"然后向同事点头致意。

◎友好。有些人认为同事之间天天见面没有必要打招呼。其实打招呼本身是友好的表现，表示"我尊重你，我很在意你，我眼里有你"。打招呼是联络感情的方式，见面打招呼可增进感情，保持友谊。

另外，有些人担心我打招呼对方不理不睬怎么办？岂不是很尴尬吗？于是很怕打招呼。这就有点"玻璃心"了。你只要热情地招呼对方，大多数人会报以友善的回应，或点头，或微笑。如果一个人故意不回应别人的"招呼"，说明他是一个冷漠且傲慢的人。如果你出于友好跟对方打招呼却遇到"臭脸"，也不必放在心上，对于这种人不去深交罢了。

◎尊重。打招呼时要尊重对方，要面带微笑，友好示意。不可太过随意，不可使用不文明的语言或手势。打招呼可以是"一对一"或"一对多"。"一对一"打招呼要专注，不可跟小李打招呼眼睛却看着小张，让对方感觉被忽视。"一对多"打招呼时就要兼顾众人，面面俱到。

（二）打招呼的方式

打招呼的方式多种多样，可以问好、点头、握手、拥抱，熟悉的同事可以拍拍肩膀等。打招呼的方式一般因人而异。

◎和领导或尊长打招呼，态度要恭敬，不可太随意。

◎和熟识的同事打招呼可以灵活，点点头，或者"丢一个眼神"，对方便能感知。也可以拥抱、拍拍肩等，显得更加亲昵。对不是很熟悉的同事不宜采取过分亲昵的方式，否则会令对方尴尬。

如果打招呼时对方正在忙于工作或者与人谈话，只需点头微笑就好，尽量不要打扰到对方。

如果同事跟你打招呼，要第一时间做出回应。对打招呼的回应态度要真挚、诚恳，让对方感觉到你的诚意。

职场最常用的打招呼方式是相互问候"你好"。"你好"是个神奇的词汇，几乎适用于任何场合。不论是久未见面的老友还是初次相识的新人，一声"你好"可以瞬间拉近彼此的距离。

不妨从今天起，从问候"你好"开始吧！

三十八
如何自我介绍和介绍他人

介绍就是通过沟通使双方相识或发生联系。工作中常用的有自我介绍和介绍他人两种形式。

(一) 自我介绍

自我介绍是在恰当的时机将自己介绍给他人，是展示自己的一种方式。正确而得体的自我介绍，可展现自我形象，为人际交往助一臂之力。自我介绍根据介绍人的不同，可以分为主动型自我介绍和被动型自我介绍两种类型。

◎主动型介绍。在工作或者商务场合，欲结识某人，却无人引见的情况下，可自己充当自己的介绍人，将自己介绍给对方。这种自我介绍叫作主动型的自我介绍。

◎被动型自我介绍。应其他人的要求，介绍自己的某些情况。这种自我介绍则叫被动型的自我介绍。具体使用哪种介绍方式，视具体情况而定。

自我介绍在工作交往中经常使用，自我介绍的方式和内容依据场合和情景的不同而有所区别，以下是几种常用的自我介绍方式。

◎工作式自我介绍。工作式的自我介绍包括本人姓名、供职的单位、部门及职务等。例如："您好，我是新城商贸公司市场总监李强。"或者："您好，我叫李华。在东兴制造公司行政人事部负责招聘工作。"

◎问答式自我介绍。针对对方提出的问题，做出自己的回答。问答式自我介绍常用于应聘和公务交往中。要求有问有答。例如，甲问："先生，您好！请问在哪里供职？"乙答："我在蓝标公司财务部工作，我叫杨晓光。"

◎社交式自我介绍。主动结识交流对象，希望对方认识自己，想与对方建立联系的介绍。一般用于社交活动。介绍包括姓名、工作单位、职务等，还可以介绍与交流对象的交集，以增加好感度。如："我叫李华，在东兴制造公司行政人事部负责招聘工作，是低您两届的学妹。"

自我介绍时需要注意以下三点：

第一，要把握分寸，注意时间。自我介绍要选择对方有兴趣并且比较空闲的时候，如果对方无兴趣且正在忙于工作，此时做自我介绍就显得很唐突。另外，自我介绍时间不宜过长，以半分钟左右为宜。

第二，自我介绍时态度要自然、亲切，落落大方。

第三，内容真实。介绍的各项内容，要实事求是，真实可信。既不要过分谦虚甚至贬低自己去讨好别人，也不要自吹自擂，夸大其词。

（二）介绍他人

介绍他人，是由第三者替彼此不认识的双方所进行的介绍。介绍的先后次序应遵循"尊者拥有优先知情权"的规则，介绍的规则一般为：

◎在工作场合，需要介绍上下级时，先介绍下级，再介绍上级。有些人习惯先介绍领导，认为是对领导的尊重，其实是不妥的，应该先让领导知道面前的人是谁。需要引起注意的是，如果正副职都在场的情况下，一定要介绍清楚正副职的职务。

◎在社交场合，一般是先介绍晚辈，后介绍长辈；先介绍男士，然后介绍女士。但如果职位低的女士与职位高的男士在一起，先将职位低的女士介绍给职位高的男士。

◎接待来访客人，一般先介绍主方人员，再介绍客方人员。

表1　介绍他人

介绍他人时的不同情况	先介绍	后介绍
在工作场合，介绍上下级时	下级	上级
社交场合介绍长辈与晚辈时	晚辈	长辈
介绍女士与男士时	男士	女士
接待来访客人时	主方人员	客方人员

三十九
握手的次序与禁忌

握手是人际交往中常见的社交礼仪。通常情况下，在与人初次见面、熟人久别重逢、告辞或送别时，都可以握手表示善意。握手虽然只是短短的几秒钟，却能传达出丰富的信息。通过握手，可以让对方感受到你的热情和真诚，相反，错误的握手方式，可能使你失去对方的信任。

大型房地产公司的副总裁艾丽与建筑材料商韦经理见面后说："初次见面，他留给我的印象不但是不懂基本的商业礼仪，还没有绅士风度。他是一个男人，位置又低于我，怎么能像一个王子一样伸出高贵的手让我来握呢？他伸过来的手不但看起来毫无生机，握起来更像一条'死鱼'，冰冷、松软、毫无热情。当我握他的手时，他的手掌也没有任何反应，我只有感恩戴德地握住他的手。握手的这几秒钟，他给我留下一个极坏的印象，他的手没有让我感到对我的尊重，他对我们的会面也不重视。作为一个公司的销售经理，居然不懂基本的握手方式，他显然不是那种经过高度职业训练的人。"这是英格丽·张在《你的形象价值百万》一书中关于"握手"的一段描写。由于韦经理不懂握手礼仪，给艾丽留下糟糕的印象，韦经理因此失去了一次商业合作的机会。可见，握手在工作中的重要作用。

握手时需要注意哪些方面呢？下面从握手的次序、方式和握手的禁忌三方面进行说明。

（一）握手的次序

握手时双方伸手的先后次序应遵循"尊者决定"的原则，由位尊者先伸出手来，位卑者予以回应。在工作场合，握手时的先后次序取决于职位和身份。当领导与下级握手时，应由上级首先伸出手；如果领导没有伸手，你只有等待；职位较高者与职位较低者握手时，首先由职位较高者伸出手。

在社交或休闲场合，握手的次序则取决于年龄、性别、婚否。长辈和晚辈之间握手时，由长辈先伸出手。男士和女士之间握手时，由女士先伸出手。

在接待来访者时情况比较特殊，一般是客人抵达时，由主人先伸出手来与客人相握，表示"欢迎"之意；客人告辞时，应由客人先伸出手来与主人相握，表示"再见"之意。

握手的次序不可颠倒，但也不必苛求别人。当自己是年长者或是上级时，有年轻人或下级主动伸出手来要求相握时，要与之配合，不要置之不理，令对方难堪，自己也失礼于人。

（二）握手的方式

◎握手时，彼此之间保持一步的距离，上身稍稍前倾，注视对方，面带微笑，伸出右手，四指并拢，拇指张开与对方相握，轻轻上下晃动3~4下，然后松开。

◎握手时间不宜过长或过短。一般情况下，老朋友见面时，握手时间可以稍长一些。初次见面者，握手时间控制在3~5秒，握一两下即可。

◎握手力度要适中。老朋友相见，为了表示热情，握手力度可以大一些。初次见面者或与异性握手，不可用力过猛，让对方无法承受；但用力也不可太轻，力度太小，会给人冷淡的感觉。

（三）握手的禁忌

◎自我介绍以后，再握手。介绍前，不要唐突地先伸出手。不过，如果对方先伸出手，要积极回握，否则令对方尴尬，也显得自己不够主动。

◎握手时要有目光接触，专注于对方，不可左顾右盼、心不在焉。

◎握手时要面带微笑，态度自然亲切，不可表情呆板，神情木然。也不要过分热情，点头哈腰，握住久久不放，让对方不自在。

◎握手时不要只握住对方的手指尖，或者只递给对方手指尖，好似被迫或无奈。一般女士与初次见面的男士握手会出现这种情况，其实是很不礼貌的行为。

◎握手要用右手，不可使用左手与人握手。

◎不要戴着手套与人握手。如果你戴着手套，要先脱掉手套再握手。只有女士在社交场合可以戴着装饰性的手套握手。

◎握手前要注意卫生，不要用脏手或湿手与人相握。

◎不要拒绝与他人握手。当下属或者晚辈主动伸出手来，要积极回握，不要置之不理，否则令对方难堪，也显得自己小气。

第六部分
自我管理——你能做得更好

四十
仰望星空，还需脚踏实地

在上学的路上
约翰尼总是
抬头望着天空
和上面高高飘浮的云彩

但是他从来没有想过
在前面的路上
会有什么在等待着自己

有一天，一只小狗跑过来
约翰尼的眼睛却还望着天空
他们撞在一起
摔了个大跟头

这是一首德国儿歌，名为《仰望天空的约翰尼》。它形象地描绘了一个游离于周围环境之外的小男孩。我们中的许多人也像这首诗中的约翰尼一样，急切地寻找未来，却在现实中摔了大跟头。

无独有偶，一位美国诗人曾写过一首小诗，描写一位小男孩被自己的鞋带绊倒，而"向上摔了一跤"跌到了云彩里的故事。与《仰望天空的约翰尼》有异曲同工之妙。这两首诗歌告诉我们一个道理：仰望星空，还需脚踏实地。

初入职场，大都充满激情、怀揣梦想，希冀着能够广阔天地大有作为，但是梦想的实现需要扎扎实实、一步一步地去努力。入职之初要紧的是踏踏实实做事情，不浮夸、不空想，低调务实，勤勤恳恳地专注于眼前的工作。

一位网友曾说：人，就应该像"人"字一样，永远向上而双脚踏地。踏实、认真在职场是最珍贵的品质。

某招聘网站针对"职场新人哪些方面最招人反感"为题进行调查，结果显示：眼高手低、"玻璃心"和"这山望着那山高"位列前三。其中"眼高手低"位列第一。一位网友尖锐地指出：自以为大材小用，往往是眼高手低。最为糟糕的是小事不愿做，大事做不了，总觉得自己才华横溢，幻想着一夜成名，一步登天，感叹没有遇到慧眼识珠的伯乐，而缺乏踏踏实实做事情的定力。其实，这个世界上根本没有怀才不遇这种事，一个人之所以郁郁不得志，一定是因为他的才华还支撑不起他的梦想！

在潜意识里，人们习惯对要做的事情做出一个"值得"或"不值得"的评价，不值得的事情也就不值得去做或不值得做好，这就是"不值得定律"。在客观环境下，多数人往往关注能给自己带来"荣耀"的大事情。做大事的时候，人们往往认为是一种荣誉，一次挑战，即使有困难与挫折也不退缩，调动一切可以调动的资源，全身心地投入，因为他认为这是一件值得做的事情，就是再辛苦，也无怨无悔。但事实上，在工作中，我们每天做的大多是平凡的小事，遇到"大事情"的概率并不多。工作是由一件件"普通小事"组成的，如果你认为这些"小事"不值得去做，就不会全力投入，而采取得过且过、敷衍了事的态度。这样做，成功率极小，而且长此以往，职业就会止步不前。

当你在实力上与别人难分上下时，在每一件事情上下功夫的程度就成为决定成败的关键。现实中我们能做的是认真对待任何一项工作，把每一件工作都当成熟悉业务、增长技能的机会。

梦想落到实处才有价值。即使再普通的工作，也不应该轻视敷衍。无论什么工作，都需要付出热情和努力。全力以赴，尽职尽责，扎实前进，才是成功的"捷径"。

四十一

自律的关键——从村上春树谈起

村上春树是一位多产的作家，虽然多次与"诺贝尔文学奖"失之交臂，但并不妨碍读者对他作品的喜爱。

村上春树在读大学期间喜爱爵士乐，于是开了一间爵士酒吧。每天他迎来送往，与各色人等打交道。酒吧打烊以后还要清理、盘点，往往忙到后半夜才能休息，身体也渐渐发胖。有一天他突发奇想："说不定我也能写小说呢。"有了这样的想法以后，他便利用酒吧打烊以后的时间开始写作。酒吧打烊已经是后半夜，他收拾停当，就在餐桌上写作，常常写到天色大亮。他的第一篇小说《且听风吟》获得了新人奖，这给了村上春树很大的鼓励。33岁那年，他决定关掉酒吧，专业从事写作，立志成为一名职业小说家。

下定决心以后，村上春树的生活从"开"转向"闭"，彻底改变了生活状态。太阳升起来的时候他就起床，天色暗下来便尽早就寝。为此，晚上的应酬活动就不能参加了，虽然得罪了不少人，但他依然故我。在生活上他力求简单，简单到只剩下最重要的三件事：阅读、写作、跑步。偶尔会听一听喜欢的爵士乐，放松精神。跑步的初衷是为了保持体力，让身体服务于写作。但对于坚持跑步30多年的村上春树来说，又有别样的意义。他曾经说，我写小说得到的许多方法，是每天清晨沿着道路跑步时学到的。

关于时间的安排，他有自己的考虑。他清楚自己属于"晨起型"的人，一天当中早晨的精力最为充沛，于是把最重要的事情——写作，放到早晨。

写作长篇小说期间，每天早晨五点起床，煮上一杯咖啡，坐在书桌前开始写作，七点烤一片面包吃，然后继续伏案四五个小时；中午小睡，下午跑步，间或处理杂事；晚上阅读、听音乐、休养心神，十点之前就寝。这种简单而有规律的生活，他坚持了30多年。

高度自律是村上春树成功的关键因素之一。从事写作35年来，村上春树出版了13部长篇小说，作品拥有超过50种语言的译本，在全世界范围内，赢得了无数读者的喜爱。他从事着完全个人化的工作——写作，同时又像"蚂蚁"一样善于自我管理，默默地、坚韧地工作着。

自律是为了做成某件事而自我约束的行为。村上春树的例子告诉我们，自律的关键离不开以下三点：

（一）目标，是自律的基础

成为一名职业小说家——这是村上春树给自己定下的目标，他的一切行为都围绕这个目标展开。为此，他关掉了经营状态良好的店铺，承担着收入锐减的风险。目标，是自律的基础，有了目标，便有了动力。"我要减重到90斤"，这是目标，之后的一切行为，诸如健身、合理饮食等都围绕这个目标行动。目标设立因人而异，但不可否认的是，所有自律的行为都与目标的达成相关。

（二）习惯，是自律的关键

习惯指逐渐养成而不易改变的行为。习惯是由自己造就的，如果我们

做工作的主人——新员工职场进阶50讲

总是以某种固定的方式行事，便能养成习惯。如果你每天早晨六点起床，渐渐就养成早起的习惯。到了六点，不用闹钟叫醒，自然就会醒来。有什么样的行为，就有什么样的习惯。习惯的力量是巨大的。杰克·霍吉在《习惯的力量》一书中指出：我们每天高达90%的行为是出自自己习惯的支配。可以说，几乎在每一天，所做的每一件事，都是习惯使然。也就是我们常常说的"习惯成自然"。养成习惯是自律的关键。

（三）健康，是自律的保证

健康的身体，是自律的保证。试想，无论你主观是多么想早早起床，但如果你是一个要依赖安眠药才能入睡的人，就很难做到这一点。身体状态，影响人的自律行为。村上春树深谙这一点。他知道，写作是一种艰苦的工作，看似轻松简单，坐在桌前，不必暴晒雨淋，实质胸中翻江倒海。而且一个人长期枯坐书桌对身体也是一种伤害。为了保持体力，村上春树开始长跑。这一跑就是30年，风雨无阻。跑步已经成为他生活的一部分。

在职场，自律的人能够严格要求自己，他们善于控制自己的行为，把精力集中在目标上，有着"不达目的誓不罢休"的干劲。古往今来凡成就大事者，都是自律的模范。

四十二

唯自信，才能赢

自信就是相信自己，是发自内心的自我肯定与相信。自信是对自身价值的确认，深信自己有能力实现所追求的目标。只有自己相信自己，别人才会相信你。自信对生活、事业都非常重要。

自信是承受挫折，克服困难的保证。在生活或工作中，难免遇到大大小小的挫折。每一次挫折都是对勇气和意志力的考验。意志薄弱者遇到挫折会表现的消极、退让，甚至一蹶不振；而意志坚强者却能在挫折中总结教训，在逆境中振奋精神，做到"胜而不骄，败而不馁"。如爱迪生所说，没有失败，只有离成功更近一点儿。

自信的人会接纳自己的不完美。金无足赤，人无完人，在这个世界上，不存在十全十美的人，每个人都有优点和缺点。自信的人可以坦诚地面对自己的缺点和不足，客观地、辩证地看待自己的优缺点，他们能够正确地、实事求是地评估自己的知识、能力，虚心接受他人的正确意见，而不是一味地掩盖和逃避。

拥有自信是成功的基础。自信的人具有积极的自我意识，能够不断地进行自我激励，克服消极情绪，保持情绪的稳定。自信常常驱使着事情往好的方向发展，而这些对事业的成功都发挥着重要作用。

既然自信对成功有如此大的作用，那么如何培养自信心，成为一个自信的人呢?

(一) 自我激励

一位著名教练总结球队胜利的经验时说,他在赛前常常安排队员观看过去成功的比赛,以此鼓舞队员士气,缓解紧张和焦虑情绪,使队员增强信心。

在职场上,在工作中同样需要自我激励,自我肯定。不妨尝试着每天找到几件"成功"的小事情来鼓励自己,比如顺利完成一项工作时,就告诉自己:"我做得很不错。"还可以经常回忆过去取得的成绩,不断给自己正向的评价,在意识中注入积极、正面的信息,排出消极、负面的想法,形成习惯后,必然信心大增。

(二) 发挥优势

成功让你变得更自信,而发挥优势有助于成功。一个人若总是用自己的劣势去对比他人的优势,对于自信心是一种打击,也容易使人产生自卑感。在工作中抓住机会展现自己的优点和特长,由此得到别人的认可和鼓励,自信就会慢慢得到提升。

(三) 保持微笑

自信会写在脸上,自信会体现在你的一言一行里。人的面部表情和体态与人的内心体验是一致的,并且外在表现与内心的体验可以相互促进。自卑之人,往往是无精打采,眼神呆滞,而充满自信的人,则是昂首挺胸,神采飞扬。

笑能使人心情舒畅、笑能使人忘记忧愁、笑能使人产生信心和力量。遇到挫折能微笑面对的人,必定是内心强大之人。请保持微笑吧!时刻展现昂扬向上之态，这样可以大大提升自信心。

　　自信的人往往是坚定、乐观、阳光的。他们坚信自己的能力，并执着于自己选择的目标。无论在工作还是生活中，唯有自信，才可以遇到强者不畏惧，遇到挫折不气馁。唯自信，才能赢！

四 十 三
金钱管理——善待赚取的每一分钱

工资是劳动所得，是对劳动的回报，对于大多数人来说，也是唯一的收入来源。刚刚参加工作，薪水都不会太高，要负担的费用却不少。"怎么也要养活自己，不能再向父母要钱花，这是我的目标。"虽然这样说，但面临的金钱压力却不小。毕业后一大项开支就是房租，学校是不能再住下去了。房租、饭费是最基本的开支。另外，生活用品需要添置，适合职场的服饰也是一笔不小的费用。如何合理使用金钱就成为需要考虑的问题。

(一) 收支平衡

工作初期，不要让你的支出大于收入，这是一项铁律。如果不懂得控制自己的开销，不能做到收支平衡，将陷入金钱危机，最终导致负债。工作第一年尽量不要负债。一个有不良债务的人，是难以获得他人信任的。

最近网络上有一个"热词"，隐形贫困人口，根据网络定义，隐形贫困人口是指"那些看起来每天有吃有喝，但实际上非常穷的人"。挣钱不少，花得更多，或者本来挣钱不多，花起钱来却大手大脚。很能花钱但没有钱花，与"月光族""啃老族"没多大区别。打着所谓追求"精致生活"的旗号，明明消费能力有限，却还是"买买买"。说得坦白一点，就是爱慕虚荣的表现。追求精致生活没有错，但要控制在自己的经济能力可

152

以负担的情况下，不能没有节制。

如果你每月收入是 4000 元，请记住，所有的花费不要超过这个数额。如果入不敷出，就会为了金钱而焦虑，这样势必影响你的工作状态。有些人为了高薪随意跳槽，哪家公司开出的薪水高就到哪家去。薪水虽然增长了，花销却更大了，最终还是陷入财务困境。这是典型的短视行为。为了短期利益而舍弃长期的职业发展，这样的做法很不可取。收支平衡，没有债务负担，略有盈余为好，这会让你身心自在，起码没有负债的困扰。

（二）编制预算

要做到收支平衡，要学会编制预算。通过预算了解收入情况和各项支出的用途及金额。编制预算要客观，符合个人实际。比如，你每月的饮食开支为 1500 元，为了节省开支预算降至 800 元。为此节衣缩食，吃饭能凑合就凑合，把身体搞垮就得不偿失了。因此，节俭应在保证足够营养的前提下进行，不可伤害身体。

编制预算以后，要检查各项预算的使用情况，最有效的办法是记录你的收入和开支，对自己的收入和开销做到心中有数。以前是家庭小账本，手工记账，现在可以免费下载记账软件，比如，挖财记账、口袋记账、网易有钱，等等，还可以关联银行卡和支付宝，收入、开支一目了然，有些 APP 还开发了预警功能，方便很多。

预算中，月收入一栏最好记录纯收入，就是减去各种保险、公积金和税金以后的收入，也是你的可支配收入。支出栏分为固定支出和变动支出。支出栏可以分为若干小项，便于记录和分析。

最好不要"冲动消费"。小 A 最近关注了一位时尚博主的个人账号，于是跟着她"买买买"。买回来一大堆，发现适合自己的衣服、饰品没几件，大部分只能闲置。小 B 是典型的"剁手党"，每逢"双十一"绝不错过，面膜、洗衣粉够使用一年的了，买完就后悔了。可"双十二"还是没忍住，又是"买买买"，患上了"囤积症"。这些都是冲动消费的例子，请大家不要效仿。特别需要提醒的是不要轻视"小额花销"。比如逛街时随手买的咖啡、小零食、小饰品等，看似花费不高，往往到月底一查账单，金额惊人。另外，在个人爱好上要量入为出。有人喜欢玩游戏，每月买装备要花掉工资的一半，不得不在其他方面节省。有个人爱好本来是好事，但在上面花费太高，导致入不敷出，反而影响了生活质量。

（三）养成储蓄的习惯

王岚来自陕西乡下。在北京读大学，毕业后回到西安工作。她记得父亲送她到北京读书，安顿好就匆匆回去了。父亲说怕耽误家里的农活，其实是在意北京高昂的旅馆费。她暗下决心，挣钱后一定让父母好好逛逛北京城，品尝正宗的北京烤鸭。为此，她从拿到薪水的第一个月起就开始攒钱。虽然工资不高，还要负担房租，但她依然坚持每月存钱。她下载了记账软件，记录自己的每一笔开销，杜绝一切不必要的花费。终于在北京最美的秋天，带着父母，在北京痛痛快快地玩了几天。她很快乐，也很满足。

像王岚这样为了目标存钱更容易坚持。最重要的是养成储蓄的习惯，不要想"工资剩下就存起来吧"，这样永远也存不下钱，常常是月底一看口袋空空。发了工资要强制自己把工资的 5%~10% 存入账户。可能这笔钱不多，但如果有急需，就可以派上大用场啦。"家里有粮，心里不慌"，有点积蓄，心里会踏实很多。未雨绸缪，不要依仗自己年轻就尽情挥霍。

（四）合理使用信用卡

信用卡是银行提供的信贷服务，是非现金交易的一种方式。一般是先消费后还款，享受免息交款期。信用卡的出现极大方便了我们的生活，但在信用卡的使用上需要注意以下几点：

◎控制信用卡数量，有1~2张信用卡保证使用就足够了。

◎在规定日期内还款。不要逾期还款，避免产生不良信用记录，给个人信用带来负面影响。

◎不盲目追求信用额度，合理使用信用卡透支功能。根据自身经济能力进行消费，透支消费总有归还的一天，高信用额度必须要有高收入的保障，不然很容易造成还款危机。

◎注意使用安全和保管安全。不要向他人透露你的密码，也不要将简单的数字排列或本人生日日期设定为密码，防止卡片及密码被盗。

现在很多人使用"花呗"等理财工具进行消费，同样也要注意透支额度和及时还款。

合理使用金钱并不是一味地节省，或者成为"葛朗台"式的守财奴，必要的开支要保证，用于健康、学习方面的支出要成为第一选项。

总之请牢记，每一分钱都是用宝贵的时间换来的。要善待挣来的每一分钱，学会管理自己的金钱，做到有计划地支出，认真谨慎地使用金钱。

四十四
健康管理——一个人拼，多心疼自己

创新工场 CEO 李开复曾是有名的"拼命三郎"，他的同事曾这样描述他的生活，从起床到休息，手边不离电脑、手机和 iPad。除去吃喝拉撒睡，剩余所有时间活在网页、邮件和社交网络里。他常常工作到凌晨 3 点，每天只睡 5 小时，而且睡一阵，就起床回复邮件。

李开复自己在致《华尔街日报》的电子邮件中也写道："我曾天真地和人比赛谁的睡眠更少。努力把'拼命'当作自己的一个标签……"直到一场大病将他击倒。2013 年 9 月 5 日晚，李开复发微博确认自己罹患淋巴癌。"如果不是癌症，我可能会循着过去的惯性继续走下去，也许我可以获取更优渥的名利地位、创造更多成功的故事，癌症把我硬生生推倒，这场生死大病开启了我的智慧，让我更真切地知道，生命该怎么过才是最圆满的。"正因为自己的亲身经历，李开复奉劝许多年轻人，不要认为年轻就是本钱，然后铆足全力拼事业，却因此失去健康。

职场不是百米冲刺，拼的不只是速度，更重要的是忍耐力和持久力。在职场战役中，取得最终胜利的保证是身体健康。

善待自己的身体是一个人成熟的标志。认真对待身体，首先要养成好的生活习惯。

（一）充足的睡眠

李开复说："我年轻的时候很不注重睡眠。后来进入职场也是继续拼命，每晚两三点睡觉是常态，平均每天睡 5 小时。到了做企业高管的时候，更是认为我要让我的员工知道我工作多努力，我要跟我的朋友比拼谁需要更少的睡眠。我常和朋友说每天少睡 1 小时，人生多活 1/24，我深深认为这是一个金玉良言。所以，我那时候非常自以为是，你们一天只有 16 个小时可以用，我有 19 个小时可以用，这是我非常自豪而且自认为是激励员工的事情。因为对睡眠的不重视导致疾病的发生。"

保证充足的睡眠，可以使大脑和疲惫的身体得到休息，恢复精神和体力。睡眠是最好恢复免疫力的方式。睡眠对年轻人来说同样重要。奉劝大家，别再熬夜了，学会时间管理，提高工作效率远比延长时间更有效果。

（二）健康的饮食习惯

◎早餐要吃好。有些人早晨赶时间，就将早餐"省略"了，或者"凑合"着吃几口，长此以往，会给身体带来不利影响。早餐是人一天最重要的一餐，不吃早餐，或者早餐的质和量不够，容易引起能量和营养素的不足，降低上午工作、学习的效率。只有早餐摄取了足够的能量，人才能在一整天保持一个较好的状态。早餐一定要吃饱吃好，以使身体保持健康状态。

◎营养均衡最重要。多食用水果、蔬菜，高热量食品偶尔为之。尽量远离"垃圾食品"。

◎自己做饭干净又省钱。如果时间允许，尽量自己做饭。如果做不到每天自己做饭，但至少周末自己动手。准备一顿美味可口、营养均衡的饭菜，也是放松的一种方式。

（三）适合的运动方式

人的体质千差万别，一部分先天形成，另一部分是后天造就。每个人要根据自己的体质情况，找到最适合自己的运动方式。但不论选择什么样的运动方式，规律性很重要，养成有规律运动的习惯，而不是心血来潮时的健身。

（四）做好意外防范

◎每年体检。有些企业会为员工提供较为完善的福利政策，比如年度体检、补充医疗保险和意外保险等。如果你任职的企业未能提供这些福利政策，自己也要坚持每年一度的全面体检。

◎买一份可以负担的商业保险，这是对自己负责，也是对家人负责。如果经常出差，或从事危险系数较高的工作，记得购买意外险。我们希冀一生平平安安，但假设发生意外，保险能够给自己和家人一点点帮助和宽慰。

为了自己，为了家人，请重视自己的健康！

四十五
拥有梦想，比什么都重要

　　查尔斯·斯特里克兰是英国证券交易所的经纪人，他拥有稳定的工作，和睦的家庭，一双儿女环绕膝前，生活看上去舒适圆满。突然有一天，已届中年的他舍弃一切，出走他乡，远赴巴黎，只因为他迷恋上了绘画，他要成为一名画家！他的行为不被人理解，甚至他的妻子。在异国他乡，他忍受着贫穷和饥饿的煎熬，精神上也饱受折磨。后来他远离文明世界，来到南太平洋的塔希提岛，与当地的土著人在一起生活。他终于找到了适合自己创作的环境，获得了灵魂上的宁静。在这里，他创造出一幅又一幅的艺术杰作。

　　这是毛姆小说《月亮与六便士》的故事，这是一个追逐梦想的故事。书名也很有意思，便士是当时英国货币的最小单位，代表着现实和卑微，月亮则代表着理想和崇高。两者都是圆形的，都是闪闪发光的，但本质却完全不同，它们就代表着理想和现实吧。我们不要终日盯着脚下的便士，却忘记抬起头来望一望天上的月亮。

　　梦想就是渴望，是对未来的一种渴望。

　　李华的梦想是攀登日本的富士山。为了实现梦想她一直做着积极的准备。刚参加工作，收入不多，但她坚持每月将收入的 10% 存入"梦想账户"，同时利用业余时间学习日语。她说："到日本旅游，我希望能用日语和当地人交流。我想了解这个国家，而不仅仅是走马观花。"

满怀着渴望和梦想进入职场，却被现实"碾压"得支离破碎。梦想似乎越来越遥远，越来越虚幻。这时的你请不要说梦想早已磨灭，不要说已经不需要梦想之类的话。梦想不必大，但要有。只要活着，就要有梦想。当我们遇到挫折困难的时候，梦想会支撑着我们，渡过难关。

梦想不一定能实现，从概率上讲，梦想实现的概率极低，那为什么还要拥有梦想呢？梦想不是变成虚妄了吗？我们坚持梦想的理由到底是什么呢？梦想有没有价值呢？

康·巴乌斯托夫斯基在他的著作《金蔷薇》中讲述了这样一个故事。法国大兵约翰·沙梅出国征战，但因害热病还未上战场即被遣送回国。团长是位鳏夫，请求沙梅将其8岁的女儿苏珊娜带回巴黎交给其姑妈照料，沙梅接受了委托。在回程的船上，苏珊娜一语不发，脸上没有一丝笑容。为哄小姑娘开心，沙梅给她讲了一个又一个故事。其中有一个就是"金蔷薇"的故事。"这样的金蔷薇不多，谁拥有它就会有福呢。哪怕碰一碰金蔷薇都会有福。"沙梅说。小姑娘听得很认真，她问："有没有人送我一朵金蔷薇？""什么都可能。"沙梅回答。到了巴黎，沙梅将苏珊娜交给她的姑妈就离开了。沙梅在巴黎尝试过各种卑微的工作，最终靠给几家手工作坊打扫卫生维持生计。

多年以后，一个偶然的机会沙梅和苏珊娜相遇了。这时的苏珊娜已经长大成人，她的父亲也离开了人世。苏珊娜看上去一点儿也不幸福。"假如有人送我一朵金蔷薇就好了，我还记得你讲的故事。"苏珊娜叹息道。与苏珊娜相遇以后，沙梅就"疯"了，他每天把从手工作坊打扫出来的垃圾装进布袋，带回他住的茅屋。因为他知道，首饰工匠们工作时总会锉掉少许金子的。他决定把尘土中的金子"筛"出来，做成一朵金蔷薇送给苏珊娜。每天晚上他把带回的尘土筛来簸去。岁月流逝，终于有一天他将

"筛"出来的金粉铸成金锭，然后做成一枚小小的金蔷薇。他一心一意想送给苏珊娜。可这时他却得知，苏珊娜已经离开巴黎远赴美国，不再回来了。不久后，朋友发现沙梅悄悄死去了，在他灰色枕头下用皱巴巴的蓝色发带包着一朵金蔷薇。

周国平在《梦并不虚幻》中讲述了这个故事。他说："送给苏珊娜一朵金蔷薇，这是夏米（即沙梅）的一个梦想。使我们感到惋惜的是，他终于未能实现这个梦想。也许有人会说：早知如此，他就不必年复一年徒劳地筛选金粉了。可是，我倒觉得，即使夏米（即沙梅）的梦想毫无结果，这寄托了他的善良和温情的梦想本身已经足够美好，给他单调的生活增添了一种意义，把他同那些没有任何梦想的普通清洁工区分开来了。"

日剧《四重奏》描写了四个满怀音乐梦想却屡受打击，想靠音乐为生却没有足够才华的"社会边缘人"。30多岁的他们，人生还没有走到顶峰却已经开始步入下坡道，梦想似乎离他们越来越远。有一天，他们四人围坐在一起讨论：是成为放弃梦想、随波逐流的"蚂蚁"，还是做苦苦挣扎，却依然坚持梦想的"蟋蟀"。最后男主人公决然地说：我觉得拥有梦想是不会吃亏的。于是四个人决定，不管以什么方式，哪怕再"卑微"，也要将梦想坚持下去。

生活平淡，才需要充满梦想，它是一束光，照亮前方的路。就如周国平先生所说：一个有梦想的人和一个没有梦想的人，他们生活在完全不同的世界里。因为梦想本身足够美好。

结　语
在工作中成长

四十六
快速学习，提高工作能力

新员工李健入职以后，发现职场中的很多知识是自己在书本中没有学到的，为此他很困惑，不知怎样才能快速掌握工作技能。有一天他很好奇地问公司的技术"大牛"，你怎么懂得这么多？"大牛"说："哪里啊，开始我也不懂的，就是不断学习呗。刚入职时我也是一名'职场小白'，什么也不懂。因为立志从事技术工作，所以很羡慕那些技术上的'牛人'。可光羡慕没有用，要想掌握技术，就得学习，快速学习，不断地学习。学习是一个逐渐积累的过程，比如在工作中遇到问题，通过学习，找到解决方法，感觉向前走了一步；紧接着在更高的领域又接触到新的事物，面临新的问题和挑战，于是又需要学习新知识、掌握新技术，能力就这样不断地提升。如此一来，学习和工作成为了一种良性循环，觉得自己每一天都有进步，这个感觉很棒！"

几乎每位新员工都会遇到这样的问题，书本上学到的知识不能满足工作的需要，自己急需补充新知识，掌握新技能。如何快速学习，并逐渐搭建自己的知识体系呢？下面介绍几个实用的小方法。

（一）随时记录

刚进入工作状态，有时会摸不清"门路"。建议随身携带一个笔记本，随时准备记录。例如，同事关于工作上面的"好点子"；自己突然想到的工作方法；或者同事进行工作方面的讨论，可能不经意的一句话，就能解决你的困惑。"好记性不如烂笔头"，对你有帮助的内容都要随时记录下来。记录时要求快速，可能只记录个大概，下来再找时间进行整理。通过记录和整理，逐渐打开工作思路，找到工作方法。

（二）在做事中学做事

在工作中学习，在做事中学做事。每一项工作任务都是一次学习的机会。充分利用这些机会，获取知识，积累经验。根据岗位要求，立足本职工作，结合岗位特点，有针对性地学习，带着问题去学，收效会更明显。如果工作中遇到难题，不要回避，要想方设法地解决，或者自己动手查找资料，或者请教领导和同事，解决问题的过程就是学习的过程。

（三）善于思考和总结

有一位部门主管最近很苦恼，他说："部门来了一位新员工，态度认真，工作努力，就是缺乏举一反三的能力。一项工作学会了，可是遇到同类型的工作还是不能独立完成。不能每件事都手把手教吧，没有这个时间和精力呀。"这位主管提到的问题很普遍，原因在于新员工不善于总结和思考，思想"懒惰"，不能做到触类旁通的缘故。

（四）搭建知识体系

待工作方向明确以后，对本专业的知识要进行深度、系统地学习，不要浅尝辄止，力争让自己的专业知识有全面、整体提高，并在这个过程中逐渐形成自己的知识体系。"深度决定高度"，一棵树只有根扎得深才能长得高，这个普遍性的规律已无须证明。

在快速变化的时代里，每个人都应该保持求知若渴、虚心若愚的学习心态。每天都应该问问自己：今天，我又学到了什么？有没有进步和提高？职业生涯是一个持续的过程，仅靠学校教育获取的知识是远远不能满足职业发展的。所以，在工作中要不断地补充、吸收新知识，更新现有知识结构。工作的进步和成长，就是在学习和实践中不断磨炼出来的。

四十七
勤奋是通往荣誉的必经之路

"人生在勤,不索何获。"出自东汉张衡的《应闲》一文。讲的是人一辈子要勤奋努力,倘若不积极地探索研究,哪会有收获或成就呢?张衡告诫我们,人生应该努力求索,不然就不会有收获。一分耕耘一分收获,此言为真。

作为全球市值最高的公司掌门人——苹果 CEO 库克,每天凌晨 3:45 起床,起床第一件事并非洗脸刷牙,而是查阅邮件,看有什么事需要处理。据了解,库克每天阅读的邮件量高达 800 封。

蝉联世界首富最久的比尔·盖茨,作息时间非常严格。他每天 6 点起床,给自己的自由时间仅有 5 分钟,而且以秒计算。

如果说国内的互联网"劳模",非雷军莫属。他在接受杨澜采访时曾说:我比马云还勤奋。

1969 年,雷军出生在湖北仙桃一个普通教师家庭。18 岁考入武汉大学。他的第一个目标是用两年时间修完大学所有课程。为此他戒掉了午睡习惯,真的用两年时间修完了大学的课程,并且拿到几乎所有的奖学金。1992 年,雷军大学毕业加入了"金山"公司,一干就是 16 年。雷军刚加入"金山"公司的时候除了必要的吃饭和睡觉时间,几乎所有的时间都是在编程序、写代码。他先后出任"金山"公司北京开发部经理、珠海公司副总经理、北京金山软件公司总经理，最终做到 CEO 职位。"金山"上市以后，他离开"金山"，创办小米科技。短短的几年时间，小米市值过亿元。问他成功的原因，他说：我无意中使用了最高明的秘诀——认真拼命工作。

一个人的成功是有原因的，但绝对离不开勤奋和努力。一位网友这样说：对于不是天纵奇才的人来说，努力，只是获得了或许能够成功的基础；但不努力，你连眺望传奇背影的资格都没有。

当然我们不主张长期熬夜，不提倡低质量的勤奋。

勤奋就是主动承担工作，在工作中积累经验；勤奋就是敢于接受挑战，遇到困难，积极寻求解决办法，而不是回避推诿。勤奋对应的是懒惰。懒惰分为两种：一是行动上的懒惰，表现为缺乏竞争意识，对工作没有激情，整日无精打采，得过且过；二是思维上的懒惰，不主动思考问题，对周围事物漠不关心，缺乏创新精神。懒惰会不知不觉侵蚀人的意志力，使人变得毫无生气，萎靡不振，看不到希望。懒惰可以使人变得碌碌无为，空虚、平庸，不思进取。

付出和收获总是成正比的，你在付出的时候越慷慨，你得到的回报也会越丰厚。你的每一次付出，终会帮你赢得想要的一切。只求回报不愿付出，简直是异想天开！

据说古罗马人有两座圣殿：一座是勤奋的圣殿；另一座是荣誉的圣殿。它们在位置安排上有一个秩序，就是人们必须经过前者，才能达到后者。其寓意是，勤奋是通往荣誉的必经之路。

人生的道路也是如此，要想到达成功的圣殿，唯一的道路就是勤奋。只有那些勤奋努力、充满热忱、富有思想的人，才能把自己的事业带入成功的轨道。

四十八
融入团队，尊重伙伴

当今社会完全个人化的工作已经不多，绝大部分工作需要分工合作才能够完成。团队具有灵活、高效和较高的抗风险能力。融入团队，合作共赢是时代的要求，也是每位新员工面临的课题之一。

新员工如何融入团队，怎样才能在团队中发挥自己的才干呢？

（一）尽量为别人提供帮助

初入职场，对工作有一个熟悉的过程。起初的工作量不会很大，这时候，要尽可能多地帮助别人，做一些力所能及的工作，用相声的行话就是"眼里要有活"，哪怕是"跑腿打杂"的事情。有些人觉得这样做"掉价""有失身份"，其实大可不必这样想，当你不能为团队做出贡献的时候，谈不上什么"身价"和"身份"，"身份"是干出来的。帮人就是帮己。你的努力和付出，领导和同事会看在眼里。当你需要帮助的时候，会得到回报。

另外，新员工因为工作关系会经常向领导和老员工请教问题。无论是请求帮助还是得到帮助，记得第一时间说声"谢谢"。不要觉得领导应该帮助你，老员工应该帮助你，没有什么应该和理所当然的事。

(二) 做团队中值得信赖的人

世纪佳缘的创始人吴海燕在复旦大学读书时萌生了创立婚恋网站的念头，但她手里只有 4000 多元钱，还是辛苦做家教积攒下来的，这点钱连买一台服务器都不够。她开始借钱，但周围都是穷学生，哪里有这么多钱呢？于是她想到在网上求助，终于一位叫"渔夫"的网友同意借给她 8 万元钱。他们并没有见过面，"渔夫"只是知道她的网名叫"小龙女"，是一位在复旦大学读书的女学生。有了这笔钱，吴海燕购买了设备，公司开始运转起来。经过几年的艰苦努力，公司成为颇具规模的婚恋网站。网站要扩大，必须要融资。

有一天，一位投资人找到吴海燕谈投资，吴海燕提出一个条件：你们要投我的公司，必须同意把"渔夫"的 8 万块钱折算成股份。她觉得，正是因为"渔夫"对她的信任，她才能走到今天。投资人本来对吴海燕的领导能力心存疑虑，听到这个故事，被她诚信的品质深深打动了。因为诚信，吴海燕获得了投资，世纪佳缘取得了巨大的成功。2011 年 5 月，世纪佳缘在美国纳斯达克上市，吴海燕从网上找到当年借钱给她的"渔夫"，邀请他一起到纳斯达克敲钟，见证公司上市的时刻。当年"渔夫"借给她的 8 万元钱，按照 IPO 的价钱，已经变成了 8000 万元。

诚信是最珍贵的品质，诚信可以帮你更快地融入团队，让你成为值得信赖的人。

(三) 每个人都是独一无二的

尊重是团队合作的基础。有人细腻沉稳，有人活泼开朗，每一个人都是独一无二的个体。不同性格，做事风格迥异的人要相互理解。在团队中要承认他人的贡献，尊重他人的付出。尊重每一个人，每一个观点。让每一个人的才华都能尽情施展，每一个人的聪明才智都能够尽情发挥，这就是团队的魅力！

怎样做到尊重每一个人呢？首先是尊重每一个人的想法。当别人的观点与自己不一致时，不要马上就"急躁"起来，想着怎样反驳对方的观点，而是沉下心来，冷静地思考。同时，也不要轻视别人的看法，唯我独尊，认为别人的看法不值一提。团队的精神就是"求同存异"，这也是团队和谐的基础。其次要尊重每个人的付出。每个人都有自己的优势和劣势，有自己的长处和短板。团队合作就是要取长补短，发挥优势，每个人的付出和努力都值得尊重。

初入职场，融入团队需要一个过程。尊重规则、信任伙伴、诚实守信是融入团队的基础，希望每个人都能在团队中展现自己的才华，发挥自己的潜能。

四十九

失败不可怕，重要的是从中学到了什么

　　顺利转岗的李华主要负责员工招聘工作。她勤奋好学，很快进入状态，深得同事的赞扬和领导的信任。今年的"校园宣讲会"领导交给她来组织，并担任宣讲人。接到任务后她做了精心的准备。不过第一次担任宣讲人还是有些紧张。"宣讲会"起初比较顺利，但进入提问环节却出了问题。同学们提出关于公司待遇、福利政策等方面的问题时她回答得准确流利，但对于公司产品、发展前景、行业地位等方面的问题，因为她准备不充分，回答起来未免有些敷衍、牵强。这时她发现有些同学交头接耳，"嘀嘀咕咕"，还有人离场而去。她不免慌乱起来，预计2个小时的宣讲会提前收场，最后的效果当然不尽如人意。这件事令李华非常沮丧。"唉，我真是失败呀。"回去的路上她失落地说。

　　我们每个人几乎都经历过失败。生活上如此，工作上亦如此。一位企业管理者曾说：如果介绍管理经验，成功的不多，失败的却不少。每次失败都是刻骨铭心的经历，好似脱胎换骨一般深刻。失败对人的影响要大于成功对人的影响。这样说一点儿也不奇怪。

　　既然每个人都会经历失败，那怎样面对失败就成为一个重要的课题。

（一）坦诚接受，不要逃避

有些人在面对失败的时候会采取"回避"的态度，给自己找理由、找借口，这样做心理上可能会好受些，但事实终归是事实，况且又能够逃避多久呢？

正确的态度是面对事实，承认失败，尽管坦诚接受失败不容易。面对失败，不是自怨自艾、手足无措、被动等待、推脱逃避，而是马上自我反省，对失败的原因进行分析，总结经验，找出不足，及时采取补救措施。待问题得到解决，总结经验，又会出现新问题，再调整，如此反复。我们每个人就是这样成长起来的。

（二）以成长心态面对失败

斯坦福大学心理学家卡罗·德威克在研究人怎样面对失败的时候，她识别出两种不同的心态：一种是固定心态，另一种是成长心态。固定心态认为，智力和才能是与生俱来，固定不变的。成功不过是证明你的能力。如果抱持固定心态，就不能容忍错误和失败。失败让他们很沮丧，觉得失败是一件危险的事情。成长心态与固定心态相反，成长心态认为，能力是可以发展的。失败可能让你伤心失望，但是失败并不决定一个人本身的好坏。实际上，失败是一个让你加倍努力的理由，而不是让你退缩、放弃和拖延的理由。

失败具有两面性，我们应该正确理解和对待失败。失败的滋味的确让人不好受，会给人带来失落、痛苦甚至绝望。可是如果从成长心态看待失败，失败自有其意义。失败不可怕，重要的是你从中学到了什么，你提升了什么！不要把失败看得太重，认为失败等于无能。一次失败并不代表能力有问题，只能说明还有成长的空间。

归根结底，面对失败的心态不同，结果变得大不相同。当你从成长心态上理解失败，那就没有什么可怕的了。学然后知不足，认识到自己不足，才能提升自己，才能有更大的进步空间。

李华回到公司，尽管有些沮丧，但她还是努力让自己静下心来。先是针对今天"宣讲会"的失误列出了一份改进清单，疑惑的地方请教了有经验的前辈，然后着手准备下一场"宣讲会"的预案。因为她知道，第二场"宣讲会"正等待着她……

五十

工作的喜悦，无可替代

李华入职一周年，部门特意安排了一次小型的庆祝会，这也是公司的惯例。在会上，她真诚地感谢帮助过她的每一位同事，同时很庆幸遇到了愿意提携新人、指导新人的领导。她收到同事们赠送的各种各样的小礼物，有精美的卡片，喜欢的玩偶，美味的巧克力等。让她格外珍惜的是部门经理送给她的一本书——谢丽尔·桑德伯格写的《向前一步》。经理在扉页上这样写着：

"欢迎你。

请享受工作的快乐，

加油吧，姑娘！"

李华把书抱在胸前，有些感动。

李华今年 23 岁，如果我们从这个年龄开始算起，人的一生要工作 30~40 年，这几十年的时光也是人生精力最旺盛、最富有生命力的黄金岁月。这使我们不禁思考，工作是什么？工作会给我们带来什么呢？

2017 年 6 月，微博上的一张照片火了。照片上一位白发苍苍的老人坐在高铁上手握纸笔，正神情专注地校对着什么。他就是中国工程院首批院士刘先林。刘先林先生 1962 年毕业于武汉测绘学院，以后的几十年全身心致力于摄影测量和航测仪器的研究，他通过仪器研制推动了整个行业的发展，取得了一系列重大成果。

青岛 128 路公交车驾驶员韩明星看到不少外国人乘车，于是利用业余时间自学英语，自 2018 年 6 月起，他开始用标准的英语进行双语报站，没有人要求他这样做，是他主动为自己"加戏"。他说：在一些乘客看来，公交车只是一种出行工具而已。但对我来说，这 10 米车厢几乎就是全部。

俊朗帅气的葛晓宇是一名 90 后，入职三年的他已经成为南京特警支队安检排爆大队的"拆弹高手"。有一次在排爆现场抱着炸弹移动时，心理不免紧张，血液直往脑门上冲，但他为了避免引起周围群众的恐慌，脸上依然是镇定严肃的神态，直至排爆结束才松了一口气。排爆不仅要胆大心细，具有过硬的心理素质，还要掌握物理、化学、电路等方面的知识。葛晓宇空闲时间忙着读书充电，在"拆弹工具仓库"研究摸索。他说：应对恐慌的最佳方法，只有更深入地学习。他的职业目标是成为优秀的"主排手"，即那个直接剪炸弹"红蓝线"的人。

不论是院士刘先林、公交司机韩明星还是排爆界的"小鲜肉"葛晓宇，以及成千上万普普通通的工作者，他们用自己的行动诠释了工作的意义。

工作是谋生的手段。工作使我们获得安身立命的物质基础，成为一个自食其力的人。

工作使我们不断成长。通过工作，我们学习技能，提高能力。我们大部分能力的获得是通过工作慢慢积累得到的。

工作可以展现自己的才华。记得一位名人曾说过：没有比工作更能展示才华的地方了！通过工作可以施展我们的才干，发挥创造力，为社会创造财富。

工作能够体现出一个人的价值。一位退休多年的医生，一直珍藏着自己的"白大褂"，他说："这是我的战袍，代表着我的光辉岁月。"一个人的社会价值是通过他的社会劳动体现出来的。

工作给我们带来快乐。《环球时报》刊文：瑞典哥德堡大学的研究人员对"如何才能快乐"这个问题进行研究，他们发现为达到目标而努力工作的过程更让人充实，努力工作会让人感觉快乐。

工作是生命的一部分，工作带来的成就感和满足感是无可取代的。请用心去做每一份工作，享受工作的快乐。

正如稻盛和夫所言，工作的喜悦，无可替代。

李华参加工作一年了，在这一年的时间里，她尽全力奔跑，许多方面都实现了突破。

（1）完成了身份的转变。从初出校门的学生到"职场新鲜人"，李华完成了身份的转变，从心理上认可和接受了"职业人"的身份。

（2）明确了职业目标。幸运的是，李华工作的第一年，就明确了职业发展目标。她通过努力和上级的帮助，顺利转岗，开始从事热爱的人力资源管理工作。发展方向明确了，职业路径更加清晰，为今后的成长奠定了基础。

（3）工作技能得到提升。入职之初，经历了不懂、了解和熟悉的过程。从不知如何下手到掌握基本工作方法，从不能胜任工作到能够独立完成常规性的工作，在技能上有了很大的提高。

工作一年间，从新鲜好奇到理性对待，期间经历了失败，学会了独立思考和承担责任。相信李华会善待自己的职业生涯，在职业的道路上好好修炼，实现职业理想，获得更多的职业幸福感。

参考文献

［1］［英］麦克劳德，布雷迪. 敬业：从优秀到卓越的公司精神［M］. 姜法奎，曹金凤译. 北京：中国市场出版社，2009.

［2］［美］约翰·奈斯比特. 定见［M］. 魏平译. 北京：中信出版社，2007.

［3］［日］越前行夫.5S 推进法［M］. 尹娜译. 北京：东方出版社，2011.

［4］李开复. 做最好的自己［M］. 北京：人民出版社，2005.

［5］［美］丹尼尔·戈尔曼. 情商 2［M］. 魏平，张岩，王乾译. 北京：中信出版社，2010.

［6］［美］丹尼尔·戈尔曼. 情商［M］. 杨春晓译. 北京：中信出版社，2010.

［7］童佳瑾，王磊，解雪. 情绪智力对工作绩效的影响［J］. 中国人力资源开发，2008（2）：90-94.

［8］金正昆. 职场礼仪［M］. 北京：中国人民大学出版社，2008.

［9］［加］英格丽·张. 你的形象价值百万［M］. 北京：中国青年出版社，2008.

［10］［日］村上春树. 我的职业是小说家［M］. 施小炜译. 海口：南海出版公司，2017.

［11］［苏联］康·巴乌斯托夫斯基. 金蔷薇［M］. 李时译. 上海：上海译文出版社，1980.

［12］［美］简·博克，莱诺拉·袁. 拖延心理学［M］. 蒋永强，陆正芳译. 北京：中国人民大学出版社，2009.